Fabian Lenk · Anschlag auf Pompeji

TATORT
GESCHICHTE

Fabian Lenk

Anschlag auf Pompeji

Illustrationen von Anne Wöstheinrich

Die Deutsche Bibliothek – CIP-Einheitsaufnahme

Lenk, Fabian:
Anschlag auf Pompeji : ein Ratekrimi aus der Römerzeit /
Fabian Lenk. Ill.: Anne Wöstheinrich.
1. Aufl.. – Bindlach : Loewe, 2002
(Tatort Geschichte)
ISBN 3-7855-4443-X

Der Umwelt zuliebe ist dieses Buch auf chlorfrei gebleichtem Papier gedruckt.

ISBN 3-7855-4443-X – 1. Auflage 2002
© 2002 Loewe Verlag GmbH, Bindlach
Umschlagillustration: Anne Wöstheinrich
Umschlagfoto: akg images/Erich Lessing
Umschlaggestaltung: Andreas Henze
Redaktion: Kathy Heyer
Herstellung: Heike Piotrowsky
Gesamtherstellung: GGP Media, Pößneck
Printed in Germany

www.loewe-verlag.de

INHALT

Der erste Anschlag 11

Das Ultimatum 22

Die Totenkopfhöhle 32

Die Zeit läuft ab 43

Jagd auf den roten Reiter 55

Spuren in den Thermen 66

Die Schlinge zieht sich zu 78

Entscheidung im Morgengrauen 90

Rotes Wasser 100

Lösungen *112*

Glossar *114*

Zeittafel *116*

Das Leben in der römischen Kolonie *117*

Die Baukunst der Römer *122*

DER ERSTE ANSCHLAG

Der hünenhafte Mann stand im Eingang zur Höhle. Im Geiste ging er noch einmal seinen Plan durch. Vorsichtig strich er mit den Fingern über die Axt, die er unter seiner Tunika verborgen hielt. Die Schneide war messerscharf.

Der Mann schob sich aus dem kühlen Schatten der Höhle in die Sonne, die immer noch – es war früher Abend – unbarmherzig heiß brannte. Sofort brach dem Mann der Schweiß aus. Mit schnellen Schritten lief er einen Abhang hinunter und überquerte die Straße, die von Pompeji nach Capua und von dort weiter nach Rom führte.

Er erreichte ein Pinienwäldchen. Der große Mann pirschte hindurch und gelangte zu seinem Ziel, dem rückwärtigen Teil einer Baustelle.

Hier wurde gerade das Aquädukt repariert. Pompejis Leitung nahm das Wasser 40 Kilometer östlich von der Stadt auf. Über Kanäle gelangten täglich rund vier Millionen Liter zu den 15 000 Einwohnern. Ein Erdbeben hatte vor wenigen Tagen das Aquädukt schwer beschädigt. Mehrere Kanäle waren verschüttet worden und mussten jetzt wieder freigelegt, stellenweise sogar neu errichtet werden. Die Reparaturen leitete Aurelius Tulla. Er war der curator aquarum, der Verwalter der Wasserversorgung.

Solange es hell war, wurde geschuftet. Jeden Moment des Tageslichts galt es zu nutzen. Kommandos erschallten, Peitschen knallten, vereinzelt wurden Flüche laut. Hammerschläge dröhnten, Kräne ächzten unter ihrer Last. Ochsenkarren brachten schwere Steinquader heran. Andere transportierten Bauschutt ab. Staub wurde aufgewirbelt und legte sich über alles wie ein bleierner Schleier.

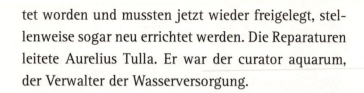

Der Mann mit der Axt versteckte sich hinter einem Baumstamm und beobachtete Aurelius und seine Arbeiter. Zahlreiche Architekten, Vermessungsingenieure, Steinmetze und Zimmerleute wuselten ameisengleich über die Baustelle.

Der Hüne lächelte in sich hinein. Schon bald – sehr bald – würde alles anders sein. Wenn er erst einmal begann mit seinem exakt geplanten Werk der Zerstörung, würde die Angst regieren und alles lähmen wie der Stich eines Skorpions. Darin lag für den Mann mit der messerscharfen Axt der Reiz des Spiels, das ihn außerdem sehr reich machen würde. Der große Mann schob sich vorsichtig an einen der Kräne heran, der gerade nicht benutzt wurde.

Der zehn Meter hohe Kran sah aus wie ein gewaltiger Nagel, den ein Riese schräg in den Boden gerammt hatte. Rechts und links war er mit dicken Tauen festgezurrt, die ihn im Gleichgewicht hielten. Die Seilwinde des Laufkrans wurde mit einem Tretrad betrieben. Niemand war jetzt dort drinnen, niemand störte den Mann bei seinem Vorhaben. Er sah sich ein letztes Mal um. Der Hüne nickte, als wolle er sich Mut machen. Dann zog er die Axt unter der Tunika hervor. Die Schneide blitzte in der Sonne auf.

Ein plötzlicher Ruf ließ ihn zusammenzucken. Blitzschnell verbarg er die Axt unter dem Stoff. Der Hüne drehte sich um, ganz langsam, ganz ruhig. Fünfzig Meter vom Kran entfernt brüllte ein Aufseher einen Sklaven an. Die beiden Männer bemerkten ihn nicht.

Ohne Hast zog der Hüne die Axt wieder hervor. Er zielte auf eines der Taue, holte weit aus und schlug mit aller Kraft zu.

Aurelius erklärte seinen Zwillingssöhnen Marius und Caius gerade die Funktion der Groma, eines Vermessungsinstrumentes, mit dem man rechte Winkel ermitteln konnte. Als Söhne eines reichen und gebildeten Patriziers wie Aurelius mussten die Jungen nicht in die Schule – ihre Ausbildung übernahm der Vater höchstpersönlich. Marius und Caius, zwei sportliche Zwölfjährige, hielten nicht viel von den Studien auf der Baustelle ihres Vaters. Sie waren eher für Wettrennen mit ihren von Ziegen gezogenen Wagen,

Speerwerfen oder eine spannende Partie Hockey mit dem Lederball.

Heute brummte ihnen schon der Schädel von den vielen Zahlen, Visierlinien, geraden Linien und rechten Winkeln und all den anderen Dingen, mit denen der Vater sie voll stopfte.

Der Schrei ließ Aurelius auffahren und die Söhne aufatmen.

„Ein Kran ist umgestürzt!", gellte die Stimme eines Sklaven, der in einer Staubwolke auf die drei zurannte. „Seht, dort hinten!"

Aurelius und die Zwillinge blickten in die Richtung, in die der Sklave zeigte.

„Wie konnte das passieren, beim Jupiter?", zürnte Aurelius, der eigentlich Aurelius Nigidius Tulla hieß. Der Bauleiter fand den Namen Nigidius aber so schrecklich, dass er ihn meist unterschlug. Nur wenigen Vertrauten war Aurelius' vollständiger Name bekannt.

Der Sklave zuckte ängstlich mit den Schultern: „Mich trifft keine Schuld! Ich hörte es krachen und habe nachgesehen. Und dann lag da der Kran! Daraufhin bin ich gleich zu euch gelaufen."

Brutus, der Oberaufseher, eilte herbei. Er war ein muskulöser Mann mit einem Kinn, so eckig wie ein

16

Ziegelstein. Er fragte Aurelius: „Soll ich den Sklaven auspeitschen?"

Der Bauleiter schüttelte ärgerlich den Kopf: „Nein, natürlich nicht. Ich brauche jeden gesunden Mann. Lass uns den Schaden lieber so schnell wie möglich beheben."

Neugierig folgten Marius und Caius ihrem Vater, Brutus und dem vor Angst schlotternden Sklaven zum Kran.

Der Kran lag auf der Seite wie ein gefällter Baum. Das Tretrad war zerbrochen. Das Seil, an dem die Lasten hochgezogen wurden, lag schlaff auf dem Boden daneben.

Aurelius stemmte die Hände in die Hüften.

„So ein Pfusch!", knurrte er. „Offenbar ist das Holz morsch gewesen und gebrochen. Deshalb ist der Kran umgestürzt."

Der Sklave nickte eifrig. Wenn es wirklich so passiert war, dann musste er nichts befürchten.

Brutus knirschte mit den Zähnen und packte den Griff seiner Peitsche fester: „Komische Sache. Ein Kran, der einfach umfällt. Das gibt es doch gar nicht. So etwas ist hier auf der Baustelle noch nie passiert. Vielleicht sollten wir, um der Wahrheit näher zu kommen, den Sklaven doch lieber auspei..."

„Nein! *De hoc satis* – genug davon!", befahl Aurelius wütend. „Ich glaube ihm." Er raufte sich die wenigen Haare, die ihm geblieben waren. „Das hier ist Pfusch am Bau. Unglaublich! Wenn das so weitergeht, bekommen wir das Aquädukt nie wie geplant bis zum Ende der Woche fertig."

„Vielleicht sollten wir dann den Zimmermann auspeitschen, der den Kran konstruiert hat", schlug Brutus hoffnungsvoll vor.

Aurelius wurde noch zorniger: „Wenn du nicht gleich aufhörst, lasse ich *dich* auspeitschen, beim Jupiter!"

Brutus schwieg beleidigt.

Aurelius rief nach Perikles, seinem Sekretär, der den Schaden notieren und umgehend für Ersatz sorgen sollte. Perikles war ein spindeldürrer Grieche und äußerst klug. Marius und Caius fanden jedoch, dass

Perikles die größte Nervensäge des römischen Weltreiches war. Er wusste grundsätzlich alles, und das grundsätzlich besser. Außerdem neigte der geschwätzige Grieche dazu, dieses Wissen den Zwillingen einzutrichtern, ob diese nun wollten oder nicht.

„Also, wenn ihr meine Meinung hören wollt", begann Perikles.

„Wollen wir nicht!", unterbrach ihn Aurelius barsch. „Schreib lieber die Schäden auf!"

Perikles spitzte die Lippen: „Aber es könnte doch ..."

„Könnte es nicht. Schreib endlich! *Carpe diem*, nutze den Tag, wie schon mein Großvater zu sagen pflegte!", brüllte Aurelius.

Marius und Caius entfernten sich von der Gruppe.

„Ich finde das auch reichlich seltsam", meinte Marius, als sie außer Hörweite der Erwachsenen waren.

Caius sah ihn spöttisch an: „Wieso denn? Ein Kran ist umgekippt. Na und? Sie werden ihn wieder aufstellen, und damit hat es sich."

„Typisch Caius!", lästerte Marius. „Denkt sich mal wieder nichts. Du hast auch nur einen Kopf, damit es dir nicht in den Hals regnet."

Caius ballte die Fäuste. „Lass die Sprüche, beim Mars!"

Marius hob beschwörend die Hände: „Ruhig Blut, Brüderchen. Du hast doch Papa gehört: Wir brauchen jeden gesunden Mann auf der Baustelle. Also: Prügeln verboten. Wir können aber gerne nachher ein kleines Rennen fahren. In jedem Fall bleibe ich dabei: Hier ist etwas faul."

Caius wurde allmählich hellhörig. „Raus mit der Sprache: Was meinst du?"

„Komm", sagte Marius nur und führte seinen Bruder in einem Bogen zurück zum Kran. Die Zwillinge befanden sich nun im Rücken der Erwachsenen. Vor ihnen lagen die Trümmer des Krans.

„Das meine ich!", rief Marius und deutete auf eine Stelle am Kran.

Caius kniff die Augen zusammen. „Ich weiß nicht, was du meinst."

Marius lachte: „Mach doch die Augen auf, es ist nicht zu übersehen!"

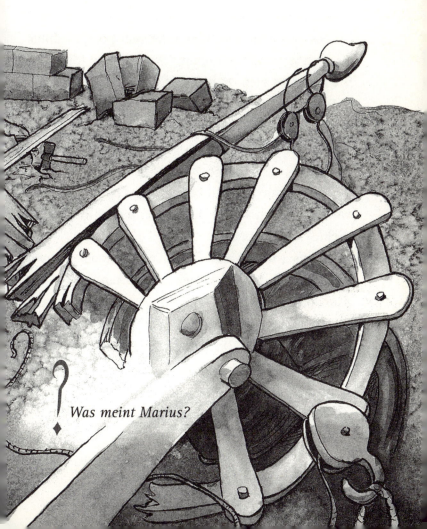

Was meint Marius?

DAS ULTIMATUM

Caius beugte sich über die Axt, die tief im Boden steckte. Rechts von der Waffe hing noch ein Stück des Halteseils. „Dass ich das nicht gesehen habe", murmelte Caius.

„Tja", lästerte sein Bruder. „Offenbar ist dein Blick ein wenig getrübt, seit du gestern auf dem Markt Livia begegnet bist. Du hast nur noch Augen für sie."

Die bildschöne Livia war die Tochter der alten Kratzbürste Martiola. Die reiche Witwe Martiola betrieb eine Taberna auf einer Anhöhe gegenüber der Baustelle.

Caius wurde rot vor Zorn: „Du bist ja nur neidisch, weil Livia mich angelächelt hat, und dich Kürbiskopf nicht!"

Marius grinste breit: „Man sagt uns nach, dass wir uns ziemlich ähnlich sehen. Also, wenn ich einen Kürbiskopf habe, dann hast du ..."

„Ja, schon gut!", stöhnte Caius. „Du bist genauso ein Schwätzer wie Perikles!" Er stemmte die Axt aus dem Boden. „Die sollten wir Papa zeigen."

Die Männerrunde war ins Gespräch vertieft, als die Zwillinge zurückkehrten. Zu den Männern hatte sich

22

inzwischen auch Merculiaris gesellt. Der große, dicke Mann leitete einen Zimmereibetrieb. Im Moment sah er griesgrämig drein. Marius und Caius lauschten gespannt.

„Hier steht es!", rief Perikles gerade und deutete auf eine Schriftrolle. „*Du* hast den Kran geliefert und aufbauen lassen!"

Merculiaris sah ihn drohend an: „Na und? Was willst du damit sagen, Schreiberling?"

Perikles bohrte seinen spitzen Zeigefinger auf die breite Brust von Merculiaris. „Du hast diesen Kran

geliefert und 2 000 Sesterze dafür verlangt. Und jetzt ist er schon kaputt! Ich will damit sagen: Du hast schlechte Ware geliefert, Merculiaris!"

Jetzt mischte sich Brutus, der Aufseher, ein: „Sollen wir Merculiaris auspeitschen lassen?"

„Nein, und nochmals nein!", brüllte Aurelius. „So kommen wir nicht weiter."

Marius tippte seinem Vater auf die Schulter: „Wir haben hier etwas, was uns tatsächlich weiterbringen könnte, Papa!"

„Jetzt nicht. Ihr seht doch, dass wir beschäftigt sind", wehrte Aurelius gereizt ab. Dann schnauzte er Merculiaris an: „Du wirst Ersatz liefern. Und zwar *stante pede* – sofort!"

Merculiaris schob trotzig das Kinn vor: „Gar nichts werde ich. Ihr habt noch nicht mal diesen Kran bezahlt!"

„Ha, zum Glück!", jubelte Perikles. „Der war ja auch nichts wert! Der ist höchstens als Feuerholz für die Thermen zu gebrauchen!"

„Von wegen!", konterte Merculiaris. „Es handelt sich um erstklassige Arbeit. Ich kann nichts dafür, dass der Kran umstürzte. Vielleicht haben ihn eure Arbeiter falsch bedient. Aber das ist mir auch egal. Fest steht: Ihr schuldet mir 2 000 Sesterze. Seit Wo-

24

chen warte ich auf meinen Lohn! Erst, wenn ihr bezahlt habt, werde ich Ersatz liefern!"

Caius warf seinem Bruder einen viel sagenden Blick zu. Dann unternahmen er und Marius einen zweiten Versuch bei ihrem Vater – aber auch diesmal ließ Aurelius seine Söhne nicht zu Wort kommen. Er vertrieb Merculiaris, der sich mit bösen Drohungen davonmachte. Die hitzige Diskussion unter den Erwachsenen ging weiter.

Nur Gerede, dabei hatten die Zwillinge doch eine wichtige Entdeckung gemacht! Die beiden drohten zu verzweifeln, als sie plötzlich ein Sirren hörten. Sie fuhren herum und sahen gerade noch, wie ein Pfeil haarscharf an Perikles' Kopf vorbeisauste und sich federnd ins Holz eines Karrens bohrte.

Für einen Moment herrschte fassungslose Stille.

Dann stieß Perikles einen markerschütternden Schrei aus: „Beim Herkules! Ein Attentat! Man wollte mich umbringen. Man hat auf mich geschossen." Er tastete seinen Schädel ab, als wolle er überprüfen, ob noch alles dran sei.

Marius und Caius hatten sich als Erste gefasst und rannten zum Karren.

„Um den Schaft des Pfeils ist etwas herumgewickelt!", rief Caius atemlos. Er packte den Pfeil und drehte ihn aus dem Holz. „Hier, eine dünne Papyrusrolle!"

Die Männer drängten sich um den Jungen.

„Lass sehen, ich will es lesen!", keifte Perikles.

„Ruhig Blut", beschwichtigte Caius und löste den Brief vom Pfeil. Vorsichtig rollte er das Schriftstück aus. Während der Junge laut vorlas, wurde er blass: „Ave, Aurelius Nigidius Tulla! Heute hat es auf deiner Baustelle einen kleinen Zwischenfall gegeben. Es wird nicht der letzte sein, wenn du nicht das tust, was ich verlange. Du wirst dafür sorgen, dass morgen zur Mittagszeit ein Bote mit 500 000 Sesterze von der Porta Vesuvio losreitet. Er soll immer der Straße folgen. Niemand darf ihn begleiten. Zu gegebener Zeit werde ich den Reiter stoppen und das Geld an mich nehmen. Geschieht das nicht, werde ich den nächsten Anschlag auf das Aquädukt verüben. Ich werde das Wasser vergiften, und tausende müssen sterben! Beeile dich – deine Zeit läuft ab!"

Caius ließ das Blatt sinken. „Ein Erpresser!", murmelte er.

Marius nutzte die betroffene Stille, um den Umstehenden die Axt zu zeigen, die sein Bruder und er entdeckt hatten: „Damit hat der Täter zugeschlagen. Wir haben sie beim Kran gefunden."

„Warum habt ihr das nicht gleich gesagt?", fuhr Brutus die Jungen an.

„Wollten wir ja, aber ihr wart viel zu sehr damit

beschäftigt, euch gegenseitig zu beschuldigen", verteidigten sich die Zwillinge.

Ihr Vater atmete schwer: „Was für ein hinterhältiger Plan! Gift im Wasser ... das wäre entsetzlich!" Er straffte die Schultern. Entschlossen fuhr er fort: „Auf diesen Handel lassen wir uns nicht ein. Die Stadt Pompeji ist nicht erpressbar, und ich bin es erst recht nicht."

„Der Kerl scheint es aber ernst zu meinen – das hat er heute schon bewiesen", meinte Perikles düster. „Was sollen wir jetzt tun? Vielleicht einen *Auguren* befragen, wie die Sache ausgeht? Der Seher könnte in der Leber eines Schafes lesen, was uns die Zukunft bringt."

„Unsinn!", fuhr ihn Aurelius an. „Wir müssen alle klugen Köpfe versammeln und überlegen, wie wir vorgehen." Er wandte sich seinen Söhnen zu: „Lauft, und holt Marcus. Er ist ein Mann von Verstand."

Marius und Caius flitzten los, um Marcus, die rechte Hand ihres Vaters, zu suchen. Der Ingenieur war ein besonnener Mann, dessen Rat allgemein geachtet war.

Unterwegs meinte Caius stolz: „Ich habe den Erpresserbrief eingesteckt. Hat keiner bemerkt."

„Warum denn das?"

„Als Beweisstück natürlich!"

Die Suche nach Marcus dauerte länger als erwartet. Schließlich fanden ihn die Zwillinge bei einem Trupp Arbeiter, der gerade damit beschäftigt war, Opus Caemantitium anzurühren. Dabei handelte es sich um ein Gemisch aus gebranntem Kalk und vulkanischer Asche, das einen sehr harten Mörtel ergab.

Rasch weihten die Zwillinge Marcus in das Geschehen ein. Unverzüglich eilte der Ingenieur zu Aurelius.

„Beim Jupiter, das ist eine Katastrophe!" Marcus legte Aurelius tröstend die Hand auf die Schulter. „Nur die Götter wissen, was er als Nächstes tut."

29

„Er wird gar nichts tun, wenn er merkt, dass wir nicht reagieren", glaubte Aurelius.

Marcus zog die Augenbrauen hoch: „Meinst du? Und wenn er noch mal zuschlägt? Willst du dieses Risiko eingehen? Bedenke, es wäre nicht dein Geld. Die Stadt müsste den Betrag aufbringen."

Aurelius sah zum Himmel: „Als Beamter bin ich Teil dieser Stadt. Wir lassen uns nicht erpressen."

Marcus verneigte sich und sagte zum Abschied: „Wie du meinst, aber du hast meinen Rat gehört. Ich hoffe, du hast deinen Entschluss gut überdacht."

Aurelius nickte. Nachdenklich fragte er seine Söhne, die der Unterredung stumm gelauscht hatten: „Und ihr, was meint ihr?"

„Du machst es richtig, Papa!", erwiderte Marius. „Du musst hart bleiben. Oder, Caius?"

Doch Caius antwortete nicht. Er hatte den Erpresserbrief hervorgeholt und las ihn mit großen Augen erneut.

„He, was ist? Soll ich dir beim Lesen helfen?", stichelte Marius.

„Pssst!", zischte Caius. „Ich hab hier etwas Interessantes entdeckt. Ich glaube, dass der Attentäter ein guter Bekannter unseres Vaters ist!"

„Wie bitte?", brauste Aurelius auf. „Das ist doch nicht dein Ernst!"

„Doch!", gab Caius triumphierend zurück.

Was ist Caius in dem Schreiben aufgefallen?

DIE TOTENKOPF-HÖHLE

„Sieh doch, hier steht es schwarz auf weiß: Nigidius. Das beweist, dass dich der Mistkerl gut kennen muss", erklärte Caius aufgeregt. „Denn deinen zweiten Vornamen kannst du doch nicht leiden!"

Aurelius riss seinem Sohn das Schreiben aus der Hand: „Tatsächlich! Was haben sich meine Eltern nur bei diesem Namen gedacht? Nun ja, das ist jetzt nebensächlich." Er ließ den Papyrus sinken und klopfte Caius auf die Schulter: „Wichtig ist, dass du gut aufgepasst hast. *Valde bona* – sehr gut, Caius! Andererseits erschreckt mich die Vorstellung, dass der Täter ein Vertrauter von mir ist. Der Erpresser steckt in unseren eigenen Reihen, beim Mars!"

Caius nahm den Brief wieder an sich und ließ ihn in einer Falte seiner Tunika verschwinden. An dem Ledergürtel, der die Tunika hielt, trug er einen Beutel, in dem er alle möglichen Dinge verwahrte.

Aurelius weihte Perikles in die Entdeckung ein. Gemeinsam begannen sie, eifrig zu diskutieren: Wer könnte der unheimliche Bogenschütze sein? Sie ent-

32

warfen Theorien und verwarfen sie gleich darauf wieder. Sie nannten Namen von möglichen Tätern und zogen die Verdächtigungen im selben Atemzug wieder zurück. Sie überlegten hin und her, aber kamen in der Sache nicht weiter. Marius und Caius verdrückten sich unauffällig.

„Wir müssen etwas unternehmen!", zischte Caius. „Mit Reden allein kommen wir auch nicht weiter!"

Marius nickte: „Genau. Denn in der Zwischenzeit kann der Täter in aller Ruhe sein Werk fortsetzen."

„Komm mal mit", bat Caius und zog seinen Bruder zu der Stelle, wo sich der Pfeil ins Holz gebohrt hatte. Dort drehte er sich um: „Der Pfeil kam aus dieser Richtung." Caius deutete auf die Anhöhe hinter der Baustelle.

„Ja", stimmte Marius zu. „Vermutlich aus der Höhle da oben."

Caius erschauderte: „Das ist nicht irgendeine Höhle ..."

„Ich weiß", flüsterte Marius. „Es ist die Totenkopfhöhle. Trotzdem sollten wir hinauflaufen. Vielleicht finden wir eine Spur des Täters."

„Zur Totenkopfhöhle – bist du wahnsinnig?", rief Caius entsetzt. Die Höhle galt als verflucht. Denn laut einer Sage hatten dort einst die Bewohner Pompejis Zuflucht vor Seeräubern gesucht. Doch dann hatten sie sich in der weitläufigen Höhle verlaufen und waren qualvoll verhungert. Ihre Geister sollten in der Höhle hausen und jeden vertreiben, der es wagte, einen Fuß in ihr Reich zu setzen.

Aber Marius schien das nicht zu kümmern. Er hatte sich schon auf den Weg gemacht. „Komm endlich, du Feigling. Und bring eine Fackel mit!"

Feige wollte Caius sich nicht nennen lassen. Also schnappte er sich eine Fackel und lief hinter Marius her.

Die Brüder wanderten stetig bergauf. Die Höhle lag auf einer sanften Anhöhe. Dahinter, in nur wenigen Kilometern Entfernung, erhob sich der Vesuv mit seinen knapp dreitausend Metern Höhe.

„Wie gut kennt der Zimmermann Merculiaris unseren Vater?", überlegte Caius laut. „Ich meine: Könnte er seinen zweiten Vornamen wissen?"

Marius wischte sich den Schweiß von der Stirn: „Ich denke schon. Immerhin war er schon öfter in unserer *Domus* zu Gast. Aber auch wenn Merculiaris den Namen kennt, wäre das nicht unbedingt ein Beweis."

„Das stimmt. Aber Merculiaris hat ein Motiv. Er sagte doch, dass man ihm noch keinen Lohn für den Kran, den er geliefert hat, gezahlt habe. Vielleicht hat er aus Wut darüber den Kran zerstört."

„Das wäre in der Tat eine Möglichkeit", sagte Marius und verfiel in dumpfes Brüten.

Schweigend gingen die Brüder weiter. Je näher sie zum Eingang kamen, umso langsamer wurden sie. Ein schwarzer, gewaltiger Schlund tat sich vor ihnen auf. Der Boden vor der Höhle war feucht.

„Und da willst du wirklich rein?", fragte Caius ungläubig.

„Wir müssen es zumindest versuchen. Vielleicht finden wir ja einen Hinweis", versuchte Marius seinem Bruder Mut zu machen. Er war sich inzwischen jedoch auch nicht mehr so sicher, ob es eine gute Idee gewesen war, zum Reich der Toten vorzudringen. „Außerdem haben wir ohnehin nicht allzu viel Zeit. Es wird bald Abend. Zu Hause erwartet man uns zur *Cena*."

Caius hatte nicht zugehört. Er kauerte am Boden, untersuchte eine Stelle im feuchten Sand: „Hier, sieh mal: eine Fußspur." Nur ganz schwach waren die Abdrücke von Sandalen zu erkennen. Die Spur führte direkt in das Innere der Höhle.

„Tja, jetzt haben wir unseren Hinweis", meinte Caius und sah Marius schräg von unten an.

„Entzünde die Fackel", gab Marius tonlos zurück. Jetzt gab es kein Zurück mehr.

36

Caius gehorchte. Seine Hände zitterten leicht. „Gut. Von mir aus kann es losgehen."

Die Brüder blieben dicht zusammen und traten in die Dunkelheit. Die Sonne, das Tageslicht, das Leben – es blieb Schritt für Schritt hinter ihnen zurück. Die Höhle schluckte sie.

Es wurde immer finsterer. Die Fackel rußte stark und gab nur wenig Licht. Von der Decke der Höhle tropfte Wasser. Manchmal war der Boden sehr sandig, sodass die Zwillinge die Fußspur im Lichtschein der Fackel erkennen konnten. Doch dann war der Untergrund plötzlich steinig und glatt. Ständig rutschten die Brüder aus.

Plötzlich hielt Caius an: „Hörst du das?"

Marius lauschte. Dann vernahm auch er es: Von irgendwoher kam ein klägliches Heulen.

„Was ist das, beim Mars?", wisperte Caius.

„Der Wind, hoffentlich", gab der Bruder zurück. „Lass uns weitergehen."

Der Weg wurde immer schmaler. Links erhob sich eine glatte Wand, rechts tat sich eine gewaltige Spalte im Boden auf. Das Heulen verstärkte sich, es klang jetzt wie ein lang gezogener, markerschütternder Schrei. Die Wände der Höhle warfen den Schall zurück und verstärkten ihn.

„Das sind die Stimmen der Toten!", sagte Caius voller Panik. „Wir haben sie gestört. Sie werden uns bestimmt ..."

„Unsinn! Gar nichts werden die Toten, bleib ganz ruhig, wir haben gleich ..." In diesem Augenblick stolperte Marius über einen Stein. Er ruderte mit den Armen, verlor das Gleichgewicht und stürzte in eine Spalte. Er fiel auf etwas Weiches, das sofort schmatzend nachgab.

Caius warf sich sofort auf den Boden und leuchtete in die Tiefe: „Marius?"

„Hier unten, ich bin hier unten", brüllte Marius voller Angst. „Ich versinke! Was ist das?" Schon war er bis zur Hüfte im Schlamm verschwunden. Marius versuchte, die Beine frei zu bekommen, doch er schaffte es nicht. Gehetzt sah er sich um. Wo konnte er sich nur festhalten? Aber, was war denn das? Da, genau vor ihm. Ein Totenschädel! Und da, Knochen! Überall steckten Knochen und Totenköpfe im Schlamm. Marius schrie gellend auf.

Caius biss sich in den Handrücken. Was jetzt? Er musste etwas tun, schnell!

„Hilf mir!", flehte Marius, der inzwischen bis zum Bauch eingesunken war.

Da entdeckte Caius einen langen, stabilen Ast. Rasch packte er das Holzstück und hielt es seinem Bruder hin.

Marius steckte bereits bis zu den Schultern im tückischen Schlamm. Hastig griff er nach dem Ast und umklammerte ihn mit beiden Armen.

„Nun mach schon!", feuerte Marius seinen Bruder an.

Caius zog und zerrte an dem Ast. Zentimeter für Zentimeter tauchte sein Bruder aus dem Morast wieder auf.

„Zieh, beim Jupiter, zieh!", brüllte Marius.

Caius' Muskeln brannten wie Feuer. Er schloss die Augen, konzentrierte sich nur auf den Ast. Dann verlagerte er sein Körpergewicht nach hinten und stemmte die Beine gegen zwei Steine, um nicht auszugleiten.

„Es klappt!", schrie Marius. „Ich hab's gleich geschafft! Hier wird der Boden fester!" Plötzlich konnte er seine Beine aus dem Matsch ziehen. Mit letzter Kraft zog er sich wieder auf den Pfad und kauerte sich schwer atmend neben seinen Bruder. „Danke!"

„War doch klar", entgegnete Caius erschöpft und

grinste. „Du siehst übrigens richtig lecker aus. Und riechen tust du erst ..."

„Sehr witzig", gab sein Bruder ärgerlich zurück. Dann stieß er Caius in die Seite. „He, sieh mal: Da vorn wird es heller!"

Ein Stück vor ihnen war schwaches Tageslicht zu sehen. Das erfüllte Marius mit neuer Kraft: „Das will ich mir noch ansehen. Dann drehen wir um, in Ordnung?"

Caius nickte und nahm die Fackel.

Nach etwa hundert Metern wurde der Weg breiter. Er mündete in einen Saal, in dem ein Lichtbündel von der Decke fiel. Die Zwillinge waren geblendet und kniffen die Augen zusammen. Das unheimliche Heulen war verstummt. Still und friedlich lag die Grotte vor ihnen. Als sie sich an die neuen Lichtverhältnisse gewöhnt hatten, untersuchten die Brüder alles ganz genau.

„Hier sind noch ein paar Fußspuren. Sie führen zu einem zweiten Ausgang", rief Marius.

„Da ist uns der Kerl wohl entwischt", meinte Caius enttäuscht. „Das Ganze hätten wir uns sparen können."

Marius lachte. Das Echo kam von den Wänden zurück.

„Was ist daran so komisch?", schimpfte Caius. „Gerade hast du noch bis zu den Ohren im Schlamm gesteckt. Hast du das schon vergessen? Lass uns endlich gehen."

Marius verstummte. „Du hast Recht. Das ist nicht witzig. Aber interessant ist, dass unser Bogenschütze hier offenbar sein Versteck hat!"

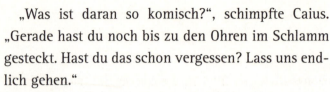

Was hat Marius entdeckt?

DIE ZEIT LÄUFT AB

Als die Brüder mit ihren Fundstücken in die Domus stürmten, servierten die Sklaven im Triclinium bereits das Abendessen. Die Wände des Speisesaals waren mit aufwändigen Malereien verziert. Das auffälligste Werk zeigte die Göttin Venus, gehüllt in ein blaues Gewand. Auf ihrem Kopf trug sie eine goldene Krone.

Die Vorspeise, die die Sklaven gerade hereintrugen, bestand aus mit Kastanien gefüllten Drosseln, Oliven und Pflaumen sowie Pfaueneiern in der berühmten würzigen Garum-Sauce, die aus Pompeji in alle Teile des römischen Reiches exportiert wurde.

Aurelius und seine Frau Cornelia, eine kluge wie hochmütige Patrizierin, lagen bereits zu Tisch. Missbilligend sahen sie ihre Söhne an.

„Ihr seid spät", tadelte die Mutter mit hochgezogenen Augenbrauen, während sie mit spitzen Fingern eine Olive von dem Silbertellerchen nahm. „Und wie ihr beide ausseht – und riecht! Perikles sollte doch auf euch aufpassen!"

Marius winkte ab: „Perikles, dieses Schmalhemd? Auf den müssten höchstens wir aufpassen!"

Caius streckte seinem Vater Köcher und Tunika hin. „Das fanden wir in einer Höhle." In welcher Höhle, verschwieg er lieber. „Vermutlich hat der unheimliche Bogenschütze und Erpresser dort seinen Unterschlupf", fuhr er mit glühenden Wangen fort. „Der Kerl muss sehr groß und dick sein." Zum Beweis streifte sich Caius das Kleidungsstück über. Er hätte gut und gern zweimal hineingepasst.

Die Reaktion ihres Vaters enttäuschte die Brüder. „Ich schätze euren Einsatz," meinte Aurelius kauend. „Aber seid ehrlich: Was haltet ihr in den Händen? Diesen Köcher und die Tunika hat vermutlich jemand in der Höhle verloren oder vergessen."

Aurelius klatschte in die Hände. Sofort huschte ein Sklave mit einer Lagoena, einem dickbauchigen Krug mit engem Hals, herbei und füllte den Weinpokal des Hausherrn.

Aurelius trank einen kleinen Schluck, bevor er ergänzte: „Seid mir nicht böse, aber euer Fund besagt nicht viel. Wascht euch und esst mit uns. Dann lasst uns den Hausgöttern etwas opfern, damit dieser Erpresser nicht noch einmal zuschlägt."

Enttäuscht und nur widerwillig leisteten Caius und Marius ihren Eltern Gesellschaft.

Am nächsten Morgen war auf der Baustelle nichts wie gewohnt. Es herrschte noch mehr Hektik als sonst. Alle waren nervös, gereizt, übervorsichtig, mitunter ängstlich. Denn alle wussten: Mittags lief das Ultimatum des Erpressers ab.

Aurelius hatte dafür gesorgt, dass überall auf der Baustelle Wachen patrouillierten. Unbekannte Personen wurden argwöhnisch beäugt und sofort kontrolliert. Die Kräne standen unter besonderer Beobachtung. Stichprobenartig wurden sogar die Karren untersucht, die Steine und anderes Baumaterial heranbrachten.

Das Wetter tat das Übrige, um die Stimmung auf der Baustelle noch gereizter zu machen. Es war drückend schwül geworden. Ein undurchdringliches, finsteres Grau überzog den Himmel, der wie eine Dampfglocke über Pompeji lastete. Immer wieder donnerte es in der Ferne. Doch die Zeit zog sich zäh, ohne dass sich ein Gewitter entlud.

Caius und Marius hatten ihren Posten hoch oben auf einem Baum bezogen. Den Platz hatten sie mit Bedacht gewählt. Zum einen wehte hier ein erfrischendes Lüftchen, zum anderen – und das war weitaus wichtiger – hatten die Zwillinge von hier oben eine hervorragende Sicht über die Baustelle.

Marius und Caius hockten rittlings in etwa zehn Metern Höhe auf einem stabilen Brett, das sie hinaufgeschleppt und zwischen zwei Ästen verkeilt hatten. Die Brüder würfelten, waren aber nicht bei der Sache. Immer wieder glitten ihre Blicke über das weitläufige Gelände, von dem der Baulärm zu ihnen hinaufschallte.

„Gleich läuft das Ultimatum ab", sagte Marius.

Caius nickte: „Und nichts tut sich. Ein Glück!"

„Aber am Himmel tut sich etwas", ärgerte sich Marius. Er hatte einen Regentropfen abbekommen.

„So ein Mist! Wir sollten uns nach unten verkrümeln. Hier könnte es ungemütlich werden." Caius verstaute die Würfel in seinem Beutel unter der Tunika.

Das Gewitter brach heftig über die Baustelle herein. Grelle Blitze zuckten am Himmel und zerrissen das trübe Grau. Donner krachte. Regen prasselte herab.

Marius und Caius kletterten Ast für Ast nach unten. Sie mussten höllisch aufpassen, dass sie nicht in die Tiefe stürzten. Immer wieder wurden sie von Sturmböen gepackt und aus dem Gleichgewicht gebracht.

Doch plötzlich war da ein anderes Geräusch, noch mächtiger und lauter als das Gewitter, noch gefährlicher! Ein unheimliches Poltern und Krachen kam von der Anhöhe neben der Wasserleitung.

Die Brüder sahen entsetzt, wie eine gewaltige Steinlawine auf ihren Baum zuraste. Die Walze aus Geröll pflügte durch einen Weinberg, knickte Olivenbäume wie Zahnstocher um, pflügte Sträucher unter, riss Karren und anderes Baugerät mit sich.

„Halt dich fest!", schrie Marius und klammerte sich an den Stamm. Aus den Augenwinkeln sah er, dass Caius seinem Beispiel folgte.

Die Lawine brandete mit ohrenbetäubendem Krachen in die Wasserleitung und begrub sie unter sich. Dann schmetterte sie gegen den Baum, der sich weit zur Seite neigte. Die Brüder verloren den Halt und stürzten ab. Im selben Moment breiteten sie ihre Arme aus. Blätter peitschten in ihre Gesichter. Etwas bremste ihren freien Fall – es war ein breiter Ast, den sie fassen konnten. Beide waren halb verrückt vor Angst. Ihre Füße zappelten über der Tiefe, suchten im Nichts nach Halt.

Der Baum neigte sich weiter zur Seite, unendlich langsam, wie in Zeitlupe. Der mächtige Stamm ächzte wie unter einer riesigen Last. Die Zwillinge schlossen die Augen und flehten zu den Göttern. Ein heftiger Ruck erlöste Marius und Caius. Der Baum hörte auf, sich zu bewegen. Er hatte zwar eine bedenkliche Schieflage, schien aber nicht zusammenzubrechen. Die Zwillinge kletterten hinunter.

Ihr Vater erwartete sie mit bleichem Gesicht und nahm sie in die Arme. Dann zog er sie zu einem Unterstand, wo Perikles bereits wartete und mit spitzem Federkiel die neuen Schäden notierte.

Aurelius zeigte seinen Söhnen einen Pfeil, um den abermals eine Botschaft gewickelt war, und las mit zitternder Stimme vor, was auf dem Papyrus stand: „Ich habe euch gewarnt. Wenn ihr bis morgen früh nicht bezahlt, werde ich das Wasser vergiften. Färbt sich das Wasser rot, wird Pompeji sterben!"

Aurelius ließ das Papier sinken: „Die Lawine hat den Kanal völlig zerstört. Der Erpresser hat die Lawine von irgendwo da oben ausgelöst." Er deutete zur Anhöhe, wo die Taberna von Martiola und ihrer Tochter Livia stand.

„Vielleicht hat dort jemand etwas beobachtet?", überlegte Caius laut.

50

„Dieser Jemand ist nicht zufällig Livia?", stichelte sein Bruder.

„Und wenn schon?", brauste Caius auf.

„Gut. Wer zuerst oben ist." Und schon rannte Marius los.

„Das gilt nicht, beim Mars!", brüllte Caius und folgte seinem Bruder.

„He, bleibt gefälligst hier!", rief ihnen der Vater nach.

Doch die Brüder hörten ihn nicht. Gleichzeitig kamen Caius und Marius an der Taberna an. Vollkommen außer Atem und klitschnass geregnet klopften sie an die Tür.

Ein schlankes Mädchen öffnete. In ihrem schwarzen Haar funkelten kostbare Spangen. Livia trug eine elegante, lindgrüne Tunika. Das Mädchen hatte große braune Augen und eine spitze Nase. Ihre Lippen umspielte ein Lächeln: „Wie seht ihr denn aus?"

Die Zwillinge schauten an sich herab. Ihre Kleidung war zerrissen und verdreckt.

Caius rammte seinem Bruder den Ellbogen in die Seite. „Nun sag schon was!"

„Sag du doch was, Kürbiskopf!", erwiderte Marius unsicher.

Livia kicherte.

Caius fasste sich als Erster. „Auf das Aquädukt wurde ein Anschlag verübt", sagte er schnell. „Ein Attentäter löste eine Lawine aus. Von diesem Hügel aus, wo euer Gasthaus steht. Ist dir vielleicht etwas Verdächtiges aufgefallen?"

Livia sah die beiden überrascht an: „Etwas Verdächtiges?" Sie überlegte.

In diesem Moment fauchte eine Stimme: „Livia, ich mag es nicht, wenn du mit diesen nichtsnutzigen Lümmeln herumalberst!"

Livias Mutter Martiola, eine große, breite Frau, nahm wie ein voll beladener Lastkahn Kurs auf die Brüder: „Lasst bloß meine Livia in Ruhe!"

„Alles in Ordnung, Mama!", rief Livia rasch. „Die beiden wollen gerade gehen, nicht wahr?" Sie zwinkerte Marius und Caius zu.

Die Brüder traten zum Schein den Rückzug an und verbargen sich hinter der Tür, sodass sie aus der Sichtweite der Mutter waren.

„Hast du vielleicht gerade jemanden wegreiten sehen, der es eilig hatte?", fasste Marius leise nach.

Livia nickte: „Ja. Allerdings gleich drei Männer. Ich sah es, weil gerade ein berittener Bote kam und ich vor die Tür gehen musste, um die Botschaft in Empfang zu nehmen."

„Kanntest du die drei Männer?"

„Nein", erwiderte Livia.

„Wie sahen sie aus? Und wohin wollten sie – hast du das gesehen?"

„Das schon. Ein kleiner Alter ritt hinab zur Baustelle. Ein großer Dicker schlug den Weg nach Pompeji ein. Und ein dünner Kerl gab seinem Rappen die Sporen und stob Richtung Capua davon."

„Wann war das?", fragte Caius atemlos.

„Vor wenigen Augenblicken", gab Livia arglos zurück.

„Kannst du uns zwei Pferde leihen? Die schnellsten, die ihr im Stall habt?", bat Caius.

Sein Bruder sah ihn verständnislos an: „Wem willst du denn folgen?"

„Das liegt doch auf der Hand, Kürbiskopf!", lachte Caius.

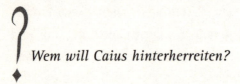
Wem will Caius hinterherreiten?

Jagd auf den roten Reiter

Dicht über die Pferde gebeugt, stoben die Zwillinge Richtung Pompeji. Die Felder der Bauern, eingestreut in die idyllische Landschaft voller sanfter Hügel, flogen an ihnen vorbei. Inzwischen hatte es aufgehört zu regnen.

„Ich habe den Eindruck, dass Livias Anblick deinen Geist verwirrt hat", brüllte Caius lachend seinem Bruder zu. „Natürlich müssen wir dem großen Dicken folgen. Oder haben wir in der Totenkopfhöhle die Tunika eines Zwergs gefunden?"

Marius antwortete nicht. Mit zusammengekniffenen Lippen starrte er geradeaus.

Die Umrisse des Mannes, den sie verfolgten, wurden größer. Von Livia wussten die Brüder, dass der Dicke eine auffallend rote Toga trug. Plötzlich hielt der rote Reiter an. Er wandte sich um. Dann rammte er seinem Ross die Sporen in die Seiten. Das Tier scheute, wieherte und schoss im gestreckten Galopp davon.

„Er hat uns bemerkt, beim Mars!", ärgerte sich Caius und trieb sein Pferd zu höherem Tempo an.

Vor ihnen tauchte das trutzige Vesuv-Tor in Pompejis Stadtmauer auf. Hier stand auch das Kastell, von wo aus das Wasser auf die ganze Stadt verteilt wurde.

Vor dem Tor herrschte das übliche Chaos. Bauern mit ihren sperrigen Karren, beladen mit Köstlichkeiten der Region Kampanien wie Zwiebeln, Honig, Oliven oder Hartweizen, quetschten sich ebenso durch das Nadelöhr wie die Winzer mit ihren Wagen, die unter der Last der Fässer zu brechen drohten. Baufahrzeuge drängten heran. Ein Kutscher schlug sinnlos auf seine Tiere ein. Ein berittener Bote schwenkte bittend die Post, die er auszuliefern hatte, aber auch ihn ließ man nicht vor. Genauso erging es einem reichen Kaufmann, der aus seiner Sänfte he-

rausschrie, dass man ihm gefälligst den Vortritt zu lassen habe. Schließlich trieb auch noch ein Hirte seine Schafherde unbeirrt in das heillose Durcheinander. Die Tiere blökten und bockten.

Der rote Reiter preschte auf das Gedrängel zu. Er zog eine Peitsche hervor und bahnte sich rücksichtslos seinen Weg.

Caius und Marius hatten große Mühe, ihm zu folgen. Als sie endlich in der Stadt waren, ritt der rote Reiter weit hinten auf der Via Vesuvio. Hier reihte sich Geschäft an Geschäft: Erbsenbrei-, Salz- und Wursthändler, Kleiderreiniger, Wolle- und Weinverkäufer, Weber, Färber, Rechtsgelehrte, Schuhmacher, Architekten und Tischler – sie alle hatten hier ihre Verkaufsstände, Werkstätten oder Stuben.

Marius sog den verführerischen Duft ein, der aus einer Garküche strömte. Er hatte Hunger wie ein Wolf. Doch dafür war jetzt keine Zeit.

„Hast du das Gesicht von dem Kerl sehen können?", fragte er seinen Bruder, während er sein Pferd am Wagen eines Tuchhändlers vorbeimanövrierte.

Caius schüttelte den Kopf: „Wir müssen ihn einholen und stellen. Da vorn ist der Kerl."

Die Brüder feuerten noch einmal ihre Pferde an und überquerten in donnerndem Galopp die Via della Fortuna. Links von ihnen tauchten die Zentralthermen auf.

Der Gejagte stob daran vorbei. Ein Sklave, der eine schwere Amphore schleppte, trat unmittelbar vor dem Reiter auf die Straße und wurde vom Pferd gestreift und umgerissen. Die Amphore zerplatzte mit einem hässlichen Ton auf dem Straßenpflaster. Doch der rote Reiter achtete nicht auf das, was hinter ihm lag. Abrupt riss er die Zügel herum und bog an der Bäckerei des Terentius Proculus nach Westen ab.

Caius und Marius ließen sich jedoch nicht abhängen.

„Wir kriegen dich, beim Jupiter!", schrie Marius entschlossen. Im selben Moment rollte ein Ball aus dem Eingang eines mehrgeschossigen Mietshauses.

Ein Kind rannte hinter dem Spielzeug her, die Ärmchen ausgestreckt, die Augen starr auf den Ball gerichtet. Der Schrei der Mutter hallte durch die Gasse.

„Hepp!" Mit einem eleganten Sprung setzte Marius' Pferd über das Kind, das den Ball an sich presste und erst zu schluchzen begann, als die Gefahr vorbei war.

„Nicht schlecht", meinte Caius. „Aber der Dicke legt auch ein beachtliches Tempo vor."

Der rote Reiter galoppierte noch immer stur geradeaus.

„Der will zum *Forum*", ahnte Marius. Schon erkannte er das *Macellum*, den Fleischmarkt.

Der Gejagte stoppte sein Pferd, sprang herunter und verschwand in der mit vielen Säulen geschmückten Markthalle. Die Zwillinge folgten ihm. Schattige Kühle empfing sie und der Geruch von Fleisch, Fisch und Blut.

Wo war der rote Reiter? Die Brüder sahen sich um. Fischer hatten ihre Fänge ausgebreitet und priesen sie lauthals an. Metzger schlachteten ihr Vieh vor den Augen der Kundschaft. Millionen von Fliegen surrten. Der Boden klebte.

Marius entdeckte die rote Toga als Erster. Er stieß seinen Bruder in die Seite und flitzte los. Sie drängelten sich durch die Menge. Die drahtigen Jungen kamen dem dicken Mann immer näher, dem jetzt kein schnelles Pferd und keine Peitsche mehr halfen.

Gerade, als die Brüder glaubten, den roten Reiter endlich schnappen zu können, packte dieser einen Stand mit Fisch und kippte ihn hinter sich um.

Ein ohrenbetäubendes Geschrei erhob sich. Später gingen die Aussagen auseinander, wer den ersten Fisch warf. Caius und Marius waren der Meinung, dass es der Fischhändler gewesen war, der hinter dem roten Reiter eine Makrele herschleuderte, aber einen völlig unbeteiligten Parfümhändler mitten ins Gesicht traf.

„Das wirst du mir büßen, beim Mars! Dein stinkendes Zeug hat meine Tunika besudelt", geiferte der Parfümhändler. Er schnappte sich einen Korb mit Austern und warf ihn auf den Fischverkäufer. Der Parfümhändler erwischte nicht nur den Verkäufer, sondern auch die Frau eines leitenden Beamten der Stadtverwaltung. Diese hetzte ihre Diener, zwei stämmige Sklaven aus Afrika, auf den Austern-Werfer mit dem klaren Auftrag, unverzüglich Rache zu üben.

In dem dichten Gewühl war es jedoch nicht leicht, den richtigen Gegner zu treffen. So wurden immer mehr Unbeteiligte mit hineingezogen, und es entstand eine wüste Massenschlägerei. Innerhalb kürzester Zeit lernten Seebarben, Rindermägen, Goldbrassen, Hasenkeulen, Tunfische, gefüllte Haselmäuse, Aale und eine komplette Schweinehälfte das Fliegen. Aber auch Waagen, Gewichte, leichte Handkarren, Amphoren mittlerer Größe sowie allerlei handliche Töpfe flogen den Beteiligten um die Ohren. Der Kampf wogte von einer Seite der Markthalle zur anderen und wieder zurück.

Der rote Reiter schlüpfte gebückt durch das gewaltige Durcheinander und erreichte einen Ausgang der Halle. Nur mit großer Mühe konnten ihm die Brüder folgen und das Tollhaus verlassen. Sie sahen, dass der rote Reiter auf das Forum zurannte. Er hielt sich zunächst rechts und umkurvte den Tempel der kapitolinischen Trias. Vorbei am Ehrenbogen ging es ein Stück geradeaus. Die Jungen blieben dem Mann auf den Fersen, auch, als er versuchte, sich hinter dem Apollotempel zu verstecken.

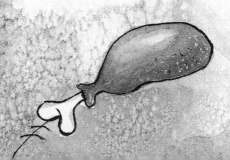

„Dafür, dass der so dick ist, ist er gut zu Fuß", ächzte Caius. Sein Gesicht glänzte vor Schweiß.

„Da klebt noch eine Schuppe auf deiner Backe", grinste Marius. „Ist das jetzt Mode? Vielleicht kannst du damit ja bei Livia Eindruck schinden."

Caius wischte hektisch in seinem Gesicht herum. „Ha, ha, sehr witzig! Los, komm!"

Der Gejagte hetzte über den Fußgängerbereich des Forums, ließ das Comitium – den Ort, an dem die Gemeindewahlen stattfanden – rechts liegen und bog in die Via dell' Abbondanza ab. In dieser „Straße des Überflusses" gab es vor allem Juweliere, Silber- und Goldschmiede sowie Händler, die feinste Tuche feilboten. Der rote Reiter verschwand zwischen zwei Sänften.

Fast glaubten die Zwillinge, ihn aus den Augen verloren zu haben. Doch dann sahen sie wieder die verräterische rote Toga in der Menge aufblitzen. Der Gejagte schlug einen Haken und verdrückte sich in der ersten Straße, die nach links abzweigte. Ein erneuter Haken – jetzt war er Richtung Osten abgebogen. Sein Weg führte ihn geradeaus an zwei Häuserblocks entlang.

Caius zog seinen Bruder hinter eine Säule. „Stopp, lass uns die Taktik ändern."

„Was hast du vor? Wenn wir hier rumlungern, entwischt er uns endgültig!"

„Sobald er sich nicht mehr verfolgt fühlt, macht er vielleicht einen Fehler", hoffte Caius. Er atmete stoßweise. Vorsichtig blickten die Brüder um die Säule. Der rote Reiter blickte sich verstohlen um. Dann überquerte er die Straße und huschte in ein großes Gebäude.

„Na, siehst du?", freute sich Caius. „Jetzt wissen wir wenigstens, wo er sich versteckt!"

Erschöpft erreichten die Zwillinge das Haus.

„Wird schwierig, ihn da drinnen zu finden", gab Marius zu bedenken. „Vor allem, weil wir immer noch nicht sein Gesicht kennen. Wir haben nur die Toga als Anhaltspunkt."

„Besser als nichts. Wir suchen weiter", blieb sein Bruder optimistisch.

„Ich bin dabei. Und jetzt wisch dir endlich diese blöde Schuppe von der Backe."

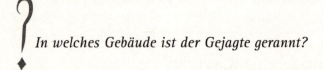

In welches Gebäude ist der Gejagte gerannt?

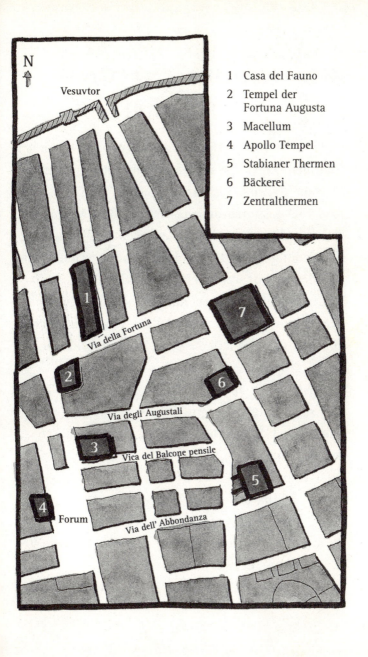

SPUREN IN DEN THERMEN

Die Zwillinge betraten die Stabianer Thermen. Zuerst gelangten sie ins Apodyterium, wo sich die Badegäste auskleideten. Ein kleiner, breiter und übel gelaunter Bademeister begrüßte Marius und Caius unfreundlich: „Benehmt euch bloß anständig, ihr Schmutzfinken! Kein Lärm, habt ihr mich verstanden? Sonst werde ich ungemütlich!"

Die Zwillinge nickten. Rasch schlüpften sie aus ihren Kleidungsstücken und legten sie in die Fächer, die sich in einer langen Reihe über den Sitzbänken entlangzogen.

„Wir dürfen nicht auffallen, sonst schmeißt der uns sofort raus", flüsterte Marius, der den argwöhnischen Blick des Bademeisters in seinem Rücken zu spüren glaubte.

„Wir benehmen uns wie alle anderen Badegäste auch", schlug Caius ebenso leise vor. „Aber lass uns noch schnell die anderen Fächer anschauen." Die Brüder drehten sich vorsichtig um: Der Bademeister war verschwunden.

„Los! Nimm du die andere Seite!", rief Marius und

lugte schon ins erste Fach. So klapperten sie Fach für Fach ab.

Plötzlich stieß Caius einen Schrei aus: „Hier: die rote Toga!" Er hielt triumphierend einen Zipfel des Stoffs in den Händen. Sein Bruder stürmte herbei.

„He, was macht ihr da?", brüllte jemand hinter ihnen. Es war der Bademeister mit der quadratischen Figur. „Wenn ihr was klaut, sorge ich dafür, dass ihr der Appetithappen für die Löwen bei den nächsten Spielen seid!" Der Bademeister meinte die am nächsten Tag anstehenden Zirkusspiele im Amphitheater.

Marius und Caius verschwanden rasch im ungeheizten Frigidarium. Dort sprangen sie ins eiskalte Wasser. Im ersten Moment blieb ihnen die Luft weg. Prustend tauchten sie wieder auf und schwammen an den Rand des Beckens.

Unauffällig musterte Marius die beiden Männer, die sich ebenfalls abkühlten.

„Von denen ist es keiner. Unser Mann ist dick und groß", wisperte er. „Und er muss noch in den Thermen sein. Er kann schließlich nicht nackt auf die Via dell' Abbondanza rennen."

„Lustige Vorstellung", grinste Caius. Er kletterte aus dem Wasser und betrachtete seine Gänsehaut: „Puh, ist mir kalt!"

Dann zog er seinen Bruder in den nächsten Raum. Im Tepidarium herrschten angenehm milde Temperaturen. Drei schlaksige Männer hockten dort und spotteten über Kaiser Nero.

„Nero wird zu den Spielen kommen, habt ihr schon gehört?", sagte der eine gerade.

„Hoffentlich will er uns nicht mit seinem grässlichen Gesang erfreuen", lachte ein anderer.

„Beim Jupiter, das wäre ein echtes Unglück", stimmte der dritte Mann ein. „Beim letzten Mal hat er die Tore des Theaters verschließen lassen und Wachen davor postiert, damit keiner fliehen konnte."

„Das ist ja unmenschlich!“

„Du sagst es. Nero klang wie ein blökender Esel, als er sang. Einige Bürger sprangen in ihrer Verzweiflung von den Tribünen. Aber das war mir zu riskant!“

„Und – was hast du gemacht?“

„Ich habe mich tot gestellt und mich hinaustragen lassen. Das hat prima geklappt.“

Die Männer brachen in brüllendes Gelächter aus. Sofort erschien der quadratische Bademeister.

„He, ihr da“, keifte er. „Wir sind hier nicht im Freudenhaus. Das ist ein Ort der Entspannung und Ruhe. Also, benehmt euch anständig, beim Jupiter.“

Die Männer winkten ab: „Reg dich nicht auf! Sorg lieber dafür, dass die Öfen gut befeuert werden und das Wasser frisch ist!“

„Lasst das meine Sorge sein“, fuhr der Bademeister die Gäste an. Feixend drückten sich die Zwillinge an dem unfreundlichen Zeitgenossen vorbei und schlüpften durch eine Tür in den nächsten Raum.

Dichter Dampf schlug ihnen entgegen. Marius und Caius waren ins Caldarium gelangt, einen besonders heißen und feuchten Raum. Er wurde durch ein Hypocaustum geheizt, ein Gewölbe unter den Thermen, in das man heiße Luft blies. Diese Fußbodenheizung war der letzte Schrei in Pompeji. Der Schweiß strömte den Zwillingen aus allen Poren.

„Siehst du unseren Mann irgendwo?", fragte Marius.

Caius war sich nicht sicher: „Schwer zu sagen. Man kann ja hier drinnen kaum was erkennen."

Überall saßen, standen oder lagen Männer. Manche reinigten ihre Haut mit einem gebogenen Striegel. Die Brüder wandten sich suchend zum Brunnen, der links in der Ecke stand. Hier konnte man sich waschen und erfrischen.

Verschwommen tauchten die Umrisse eines Mannes aus den Dampfschwaden auf. Er drehte den Zwillingen den Rücken zu. Marius und Caius hielten inne und sahen sich an: Dieser Mann war groß und dick! Schritt für Schritt gingen die Brüder auf den Verdächtigen zu, immer darauf bedacht, nicht bemerkt zu werden.

In diesem Moment drehte sich der große Dicke zur Seite und verließ mit raschen Schritten den Brunnen. Er verschwand hinter einer Wand aus Dampf.

Die Zwillinge gingen in dieselbe Richtung. Sie erreichten ein längliches Becken. Wo war der Dicke?

Im Warmbad ruhten mehrere Thermengäste. Nur ihre Köpfe ragten aus dem Wasser. Unmöglich, die Konturen der Körper auch nur zu erahnen.

Die Brüder kauerten sich auf eine Bank in der Ecke und behielten das Warmbad im Auge. Endlich kletterte der erste Mann aus dem Becken. Den Brüdern stockte der Atem – es war der große Dicke! Für den Bruchteil einer Sekunde sahen sie sein Gesicht.

„Der Zimmermann Merculiaris ist es jedenfalls nicht", tuschelte Marius seinem Bruder ins Ohr.

„Egal, wir folgen ihm", entgegnete Caius und erhob sich.

Der Verdächtige warf sich ein Handtuch um und verließ den heißen Raum. Er betrat den Säulengang zum Innenhof der Thermen und strebte mit schnellen Schritten dem Umkleideraum zu.

„Der hat es aber eilig", bemerkte Marius leise. „Er hat sich noch nicht einmal richtig abgekühlt."

Die Brüder liefen hinter dem stattlichen Mann her, der jetzt in die Umkleide abbog. Marius und Caius spähten um die Ecke.

Der Mann suchte die Wand mit den Augen ab. Dann trat er an das Fach, in dem die rote Toga lag!

Der Verdächtige griff zu – allerdings genau in das Fach neben dem, in welchem das verräterische Kleidungsstück lag! Der Dicke nahm eine weiße Tunika und begann sich anzuziehen.

„So ein Mist!", zischte Caius.

„Nicht aufgeben", meinte Marius tapfer.

Die Brüder verließen den Umkleideraum und gingen zurück in den Säulengang. Dabei kamen sie an einer Reihe von Liegen vorbei, an denen Sklaven die Patrizier massierten. Vom Säulengang traten sie auf den Innenhof hinaus. Hier machten einige Badegäste gymnastische Übungen. Andere spielten Ball. Zwei kräftige Kerle maßen sich im Ringkampf. Sklaven rannten geschäftig herum, verkauften aus Bauchläden Süßigkeiten und kleine Imbisse oder schleppten Handtücher.

Marius und Caius taten so, als ob sie das Ballspiel verfolgten.

„Ich sehe hier niemanden, der mir verdächtig vorkommt", meinte Marius müde.

Caius nickte. Auch er war bedrückt. Mit einem Mal spürten die Brüder die Anstrengung der letzten beiden Tage. Sie legte sich wie Blei auf ihre Schultern.

Marius wagte als Erster das auszusprechen, was sie beide dachten: „Sollen wir aufgeben? Ich glaube, wir kommen hier nicht mehr weiter."

Caius biss sich auf die Unterlippe. „Aber niemand kann behaupten, dass wir es nicht versucht haben, oder?"

Marius legte ihm einen Arm um die Schultern: „Das stimmt, beim Jupiter!"

Caius schüttelte traurig den Kopf: „Der Erpresser will das Wasser vergiften. Das wäre eine Katastrophe! Was sollen wir nur tun?"

Sein Bruder versuchte ihn abzulenken und meinte mit gespielter Fröhlichkeit: „Ich habe noch ein paar Sesterze. Lass uns etwas essen gehen!"

„Gute Idee, ich sterbe bald vor Hunger", erwiderte Caius.

Mit hängenden Köpfen schlichen sie Richtung Umkleiden. Dort holten sie ihre Kleidungsstücke aus den Fächern hervor und zogen sich an.

Marius warf einen Blick in das Fach, in dem gerade noch die rote Toga gelegen hatte.

Er stieß seinen Bruder an: „Beim Mars, sie ist weg!"

Caius schlug sich mit der flachen Hand vor die Stirn: „Der Kerl ist hier herausmarschiert, und wir haben nichts mitbekommen. Das kann doch nicht wahr sein! Wir hätten hier warten sollen und das Fach niemals aus den Augen lassen dürfen!"

„Tja, so ein Pech!", rief Marius übertrieben laut. Dann zog er seinen Bruder zur Seite und flüsterte ihm ins Ohr: „Sei still und folge mir. Der Kerl ist noch in den Thermen."

„Was? Wie kommst du denn darauf?", fragte Caius erstaunt.

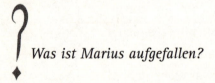
Was ist Marius aufgefallen?

DIE SCHLINGE ZIEHT SICH ZU

Auf Zehenspitzen folgten die Brüder der feuchten Fußspur, die zu einer unscheinbaren Tür führte.

„Wetten, der Kerl steckt da drinnen?", wisperte Marius. „Er hat uns kommen hören und ist hier schnell reingeflitzt, um sich zu verstecken!"

„Gut beobachtet", lobte Caius. „Und jetzt?"

„Nichts wie rein und drauf!", zischte Marius kampfeslustig. „Was denn sonst?"

„Und wenn der Kerl bewaffnet ist?", wandte Caius ein.

Aber Marius hatte schon die Tür erreicht. Vorsichtig drückte er gegen das Holz. Die Tür schwang quietschend auf. Dahinter lag ein kleiner Raum, in dem allerlei Gerümpel gelagert wurde. Offenbar handelte es sich um eine Abstellkammer. Durch ein winziges Fenster fiel spärliches Licht hinein.

Marius wagte sich einen Schritt vor. Sein Bruder hielt sich dicht hinter ihm. So schoben sie sich Stück für Stück weiter, mit klopfenden Herzen und geballten Fäusten.

Plötzlich krachte die Tür zu. Ehe die Zwillinge sich versahen, kam die Attacke von hinten.

Der kräftige Mann, der sich direkt neben dem Eingang hinter einer großen Amphore verborgen gehalten hatte, schlug Caius zwischen die Schulterblätter. Caius stürzte nach vorn und prallte gegen seinen Bruder, der zu Boden ging.

Das Gesicht des Angreifers war unter einem Tuch verborgen, das nur die Augen frei ließ. Der schwere Mann prügelte jetzt auf Marius ein. Er hörte den

Schläger über sich keuchen und versuchte, sich zu verkriechen. Er bekam ein Stuhlbein zu fassen und schlug damit nach dem Vermummten. Ein Schrei ertönte. Für einen kurzen Augenblick schien es, als ob der Angreifer außer Gefecht gesetzt wurde. Doch schon folgte die nächste Attacke: Marius erhielt einen Tritt in den Bauch und krümmte sich zusammen.

Caius eilte dem Bruder zur Hilfe, packte die rechte Hand des Schlägers und drückte sie mit aller Kraft nach unten. Der Mann schüttelte ihn fluchend ab. Ein helles Klirren zeugte davon, dass etwas auf die Fliesen gefallen sein musste.

Der Schläger schaute einen Moment lang suchend zu Boden. Dann hieb er Caius eine Faust auf die Brust, sodass der Junge zurücktaumelte. Der Vermummte riss die Tür auf und floh aus der Kammer.

Mit schmerzverzerrten Gesichtern kamen die Brüder langsam wieder auf die Füße.

„Alles klar?", stöhnte Marius. Er hielt sich den Bauch.

Caius nickte. „Wir haben uns doch ganz gut geschlagen. Außerdem hat der Mistkerl etwas verloren." Er hob einen goldenen Ring auf.

„Lass mal sehen", bat Marius und nahm das Schmuckstück näher unter die Lupe.

„Beim Jupiter, Caius, du hast einen Volltreffer gelandet! Das ist ein Siegelring. Hier stehen drei Buchstaben drauf: ein M, ein A und ein P!"

„Das sind bestimmt die Initialen des Erpressers!", jubelte Caius. In diesem Moment vernahmen sie eine Stimme, die sie in keiner guten Erinnerung hatten.

„Ihr schon wieder!", plärrte der quadratische Bademeister mit puterrotem Kopf. „Ich wusste doch, dass es mit euch nur Ärger gibt. Verschwindet, und lasst euch hier nie wieder blicken, beim Janus!"

Die Brüder gehorchten, quetschten sich am Bademeister vorbei zum Ausgang der Thermen und gelangten zu ihren Pferden.

Als Nächstes machten sie an einem Thermopolium Halt und kauften sich ein paar Gerres, in Salzlake konservierte Fische, und Brot.

„Hast du die Stimme von dem Verbrecher erkennen können?", fragte Marius kauend.

„Nein, nicht direkt", gab der Bruder zurück. „Aber gänzlich unbekannt kam sie mir auch nicht vor. Irgendwo habe ich sie schon mal gehört – nur wo?"

„Schade ...", meinte Marius. „Aber vielleicht finden wir seinen Namen auch so heraus. Denn erstens wissen wir, dass er ein Vertrauter unseres Vaters ist. Zweitens kennen wir seine Initialen. Wenn wir ..."

Caius unterbrach ihn: „Vielleicht arbeitet der Verbrecher ja auf der Baustelle!"

„Genau, das wollte ich gerade sagen", stöhnte Marius. „Wenn wir eine Liste hätten von allen, die dort

beschäftigt sind, könnten wir den Namen eventuell herausfinden. Ich bin mir sicher, dass der neunmalkluge Perikles genau eine solche Liste hat. Der schreibt doch alles auf!"

„Beim Mars, das ist ausnahmsweise mal eine gute Idee von dir!", gab Caius zu. „Vielleicht sollten wir Papa einweihen. Der könnte uns garantiert helfen!"

„Kommt nicht in Frage!", widersprach Marius. „Wir werden ihm den Täter auf dem Silbertablett servieren! Wir ganz allein."

„Marius, der Held!", lästerte Caius. „Aber du hast Recht. Was haben wir nicht schon alles eingesteckt, um den Fall zu lösen. Mir tun alle Knochen weh!"

„Lenk nicht vom Thema ab, Weichei. Hier ist keine Livia, die dich bemitleiden könnte!", grinste Marius.

Caius kniff die Augen zusammen. „Magst du noch einen Fisch?", fragte er übertrieben freundlich.

Marius sah ihn fragend an. Wenn sein Bruder so fürsorglich tat, war meistens etwas faul. Und während Marius noch darüber grübelte, traf ihn schon ein Fisch auf der Nase.

Wenig später erreichten die Zwillinge die Domus der Eltern, die in der Via de Nola lag. Sie schlüpften ins Haus. Jetzt durften sie bloß nicht der Mutter in die Arme laufen! Mama würde garantiert unangenehme Fragen stellen, so, wie sie beide aussahen.

Marius und Caius huschten durch das große Atrium, drückten sich am Empfangszimmer, dem Tablinum, vorbei und passierten unbemerkt den Eingang zur Küche, aus der sich das Geschnatter der Sklaven ergoss wie ein Wasserfall. Die Zwillinge lauschten einen Moment und entnahmen dem Gespräch, dass ihre Mama gerade mit zwei weiteren Sklaven zum Einkaufen gegangen war. Umso besser!

Perikles hatte sein kleines Reich direkt neben der Arbeitsstube des Vaters. Auf leisen Sohlen schlichen die Zwillinge hin und lugten in die Kammer. Niemand da! Perikles war offenbar ebenso wie der Vater auf der Baustelle.

In der Mitte von Perikles' Zimmer stand ein massiver Tisch. Darauf lagen mehrere Rohrfedern und ein Tintenfass sowie mit Wachs überzogene Holztäfelchen, in die man mit einem Griffel Buchstaben ritzen konnte. Die Brüder interessierten sich in erster Linie für die Papyrusrollen, von denen es im Raum nur so wimmelte. Sie lagerten in Regalen oder steckten in Körben.

„Oje, wie sollen wir da jemals die richtige Liste finden?", jammerte Caius.

„Such lieber!", feuerte ihn Marius an und nahm sich die erste Rolle vor. Rasch legte er sie zurück: „‚Einnahmen und Ausgaben'. Wie kann man sich nur für so etwas begeistern?"

Schriftstück für Schriftstück wanderte auf den Tisch, wurde durchgesehen und wieder zurückgelegt.

„Hier hat Perikles aufgeschrieben, was er selbst ausgibt, diese Krämerseele", lachte Caius unvermittelt. „Hör mal: ‚Reinigung der Tunika: 4 Sesterze', ‚grobes Brot: 2 Sesterze', ‚ein Eimer: 3 Sesterze' und so weiter."

„Sehr spannend!", höhnte Marius. „Wenn Perikles schon so etwas aufschreibt, dann muss er doch irgendwo eine Liste der Arbeiter haben, beim Jupiter."

Caius zog aufs Geratewohl die nächste Rolle aus einem Regal. Plötzlich stieß er einen Schrei aus: „Komm her: Ich glaub, ich hab die Aufstellung! Da steht drüber: Gehaltsliste Mitarbeiter, Projekt Aquädukt-Reparatur."

Marius eilte herbei. Gemeinsam überflogen sie eine lange Papyrusrolle, auf der über fünfhundert Namen standen. Doch zu ihrer Enttäuschung mussten sie bald feststellen, dass diese Liste sie auch nicht weiterbrachte.

„Schade, das sind nur die Namen der Sklaven. Von denen ist keiner ein Vertrauter oder Freund unseres Vaters", stöhnte Caius.

„Ja, diese Männer scheiden wohl alle als Täter aus", stimmte Marius zu.

Doch die Brüder ließen sich nicht so schnell entmutigen. Schon hatten sie das nächste Schriftstück in Arbeit. Sie wühlten sich durch einen riesigen Berg von Unterlagen, die Perikles zusammengetragen hatte. Und endlich, endlich stießen die Zwillinge auf eine Papyrusrolle, deren Inhalt wirklich interessant zu sein schien.

„Leitende Mitarbeiter, Führungsstab" hatte Perikles großspurig über diese Aufstellung geschrieben, die 26 Namen enthielt.

„Da könnte schon eher ein Vertrauter von Papa dabei sein!", rief Marius aufgeregt. Dann las er die 26 Namen laut vor:

LEITENDE MITARBEIT

APPIUS CLAUDIUS CAECUS
• UMBRICIUS FULVIUS
AGATHOPUS • MARCUS
CORNELIUS STATIUS • CAIUS
LUCRETIUS FRONTO • AULU
SUETTIUS CERIUS • VERECU-
MUS TULLIUS TIBUS
• SUCCESSUS MARIUS TULLA
• GAIUS APPULEIUS KIOCLES
• MARCUS APPIUS POLYBIUS
• QUINTUS ANTISTIUS VETU
• AURELIUS MERCULIARIS

Caius sah sich die Liste in Ruhe an.

„Pass auf, du Schaf", meinte er schließlich. „Jetzt zieht sich die Schlinge zu! Denn von denen bleiben nur zwei übrig!"

Marius sah ihn verblüfft an: „Wie kommst du denn darauf?"

? *Welche beiden Namen meint Caius?*

FÜHRUNGSSTAB

ETUS · MARCUS TERENTIUS VARRO
AQUIUS GELLIUS PROCULUS · LUCIUS
ARQUINIUS PRISCUS · AGRESTINUS
QUITIUS MAURITIUS · SESTIUS TULLIUS
NNAEUS · PUBLIUS VEDÍUS SICRIUS
MARCUS VECILIUS VERECUNDUS · LUCIUS
CAECILIUS IUCUNDUS · ALLEIUS NIGIDIUS
MAIUS · MERCULIARIS ALYPIUS PULCHRUS
NUMERIUS POPIDIUS CELSINUS · DECI-
IUS OCTAVIUS QUARTIO · GAIUS MUNA-
TUS FAUSTUS · 'POSTUMIUS QUINTIUS
AENAS · SEXTUS ILIUS FRONTINUS

ENTSCHEIDUNG IM MORGENGRAUEN

Caius lachte: „Ist doch ganz einfach! Denk an die Initialen M, A und P, die auf dem Ring eingraviert sind. Also bleiben nur Marcus Appius Polybius und Merculiaris Alypius Pulchrus übrig. Groß und dick sind die beiden Männer auch!"

„Schon gut, der Punkt geht an dich", lenkte Marius ein. „Dass der Name des Zimmermanns Merculiaris auftaucht, überrascht mich nicht die Bohne. Der ist bestimmt wütend, weil er den Lohn für seinen Kran nicht bekommen hat. Aber Marcus? Da handelt es sich bestimmt um einen Zufall, was meinst du?"

Caius nickte: „Denke ich auch. Marcus ist doch die rechte Hand von Papa. Jeder hört auf Marcus' Rat. Nein, Marcus ist es bestimmt nicht. Andererseits haben wir auch keinen Beweis für seine Unschuld. Obwohl – vielleicht ließe sich dieser Beweis finden." Er kramte aus dem Beutel unter seiner Toga den ersten Erpresserbrief hervor.

„Wir brauchen eine Schriftprobe von beiden!", schlug Caius vor. Seine Wangen glühten. „Dann können wir sehen, wer den Brief verfasst hat!"

„So, so", erklang in diesem Moment eine Stimme hinter ihnen. Die Zwillinge fuhren herum und blickten in das strenge Gesicht ihrer Mutter Cornelia.

„Wie seht ihr denn aus, beim Jupiter?", zürnte sie.

Die Brüder sahen an sich herab und lächelten unsicher.

„Wir haben ein bisschen draußen gespielt", sagte Marius obenhin.

„Und im Regen sind wir ein bisschen schmutzig geworden", ergänzte Caius schnell.

„Und jetzt bleibt ihr ein *bisschen* zu Hause!", befahl die Mutter. „Ihr verlasst die Domus nicht bis zum Morgengrauen. Habt ihr mich verstanden? Verbringt den Tag mit Studien! Wie wäre es mit ein wenig Geometrie? *Carpe diem!*"

Die Zwillinge nickten gehorsam. Denn jeder Widerstand hätte nur noch schwerere Strafen zur Folge gehabt.

Der Morgen graute. Am Horizont stieg die Sonne am wolkenlosen Himmel empor und hüllte ihn in ein zartes Rot. Wieder würde es heiß werden.

Die Brüder sprangen von ihren Lagern. Sie statteten dem Bad einen Kurzbesuch ab und rannten zu ihren Eltern, die ihre Söhne bereits zum ersten Frühstück, dem Ientaculum, erwarteten.

Der Vater aß im Stehen ein paar getrocknete Früchte. Marius und Caius schnappten sich Gebäck mit Honig und stopften es hastig in sich hinein.

„Warum so eilig?", fragte die Mutter misstrauisch. Über Tunika und Toga trug sie heute noch eine federleichte, elegant bestickte Palla.

Die Brüder verdrehten die Augen – Mama entging nie etwas. Also murmelten sie etwas von dem Erpresser, und dass jetzt auf der Baustelle jedes wachsame Auge gebraucht würde.

Aurelius gab ihnen unerwartete Schützenhilfe, indem er gedankenverloren nickte. „Ich muss jetzt los. Die Arbeiter warten schon. Außerdem will ich noch mehr Wachen aufstellen lassen. Mögen die Götter unsere Arbeit und das Wasser beschützen."

„Wir kommen auch gleich nach!", riefen die Brüder. „Dann kannst du uns vielleicht noch mal zeigen, wie das mit der *Groma* funktioniert, ja?"

Der Vater sah sie überrascht an: „Führt ihr was im Schilde, beim Janus?"

„Wir doch nicht!", sagten Marius und Caius schnell und setzten Unschuldsmienen auf.

Ihr Vater ließ sich in seiner Sänfte zur Baustelle bringen. Die Brüder flitzten unterdessen in den Stall, sprangen auf ihre Pferde und gaben ihnen die Sporen. Ihr Weg führte sie jedoch keineswegs zur Baustelle ...

Ihr erstes Ziel, die Domus des Zimmermanns Merculiaris, lag gegenüber der Gladiatoren-Kaserne. Vor dem Eingang war die Warnung „Cave Canem" als Mosaik in den Boden eingelassen. Ein Sklave öffnete auf das Klopfen der Brüder.

„Zu meinem Herrn wollt ihr?", wunderte er sich.
„Ihr seid vielleicht mutig. Merculiaris hat mal wieder
schlechte Laune. Seine Geschäfte laufen miserabel.
Außerdem hat er ständig Kopfschmerzen, beim Jupiter. Da hält es höchstens sein bissiger Köter bei ihm
aus. Aber, wie ihr wollt: Ich führe euch zu ihm."

Der Sklave geleitete die Brüder in den Gartenhof
des Anwesens und ließ sie dort allein. Merculiaris
stand vor dem kleinen Altar mit den Hausgöttern.
Ein gewaltiger, durchtrainierter Mischlingshund
drängte sich an seine Beine. Als der Hund die Zwillinge sah, begann er zu knurren.

Merculiaris musterte die Besucher mit blutunter-
laufenen Augen: „Was wollt ihr? Seid ihr nicht die
Ableger von diesem Aurelius? Dem Mann, der die
Rechnungen nicht bezahlt?"

Marius und Caius nickten und logen: „Wir haben
hier ein Schreiben unseres Vaters. Er braucht Eure
Unterschrift."

Der Hund duckte sich und fletschte die Zähne.

„Unterschrift?", fuhr Merculiaris auf und massier-
te seine Schläfen. „Was soll das? Ich will Geld für
meine Arbeit! Und kein Stück Papyrus."

Der Hund machte einen riesigen Satz auf die Brüder zu, die erschrocken nach hinten taumelten.

„Cato!", schrie Merculiaris.

Der Riesenhund bremste abrupt. Nur eine Armlänge trennte ihn noch von den Zwillingen. Das Tier umrundete die Besucher. Caius und Marius spürten seinen heißen Atem an ihren Füßen. Der schreckliche Hund begann, an den Sandalen der beiden zu knabbern.

„Brav, Cato", lobte Merculiaris. Und zu den Brüdern meinte er: „Er gehorcht aufs Wort. Ich kann ihn stoppen, wie ihr eben gesehen habt. Aber ich kann auch dafür sorgen, dass er ungebetene Besucher zerfleischt."

„Wir gehen ja gleich wieder. Die Unterschrift wird dafür sorgen, dass Ihr das Geld bekommt", stotterten Marius und Caius. „Unser Vater braucht die Unterschrift für seine Abrechnungen."

Merculiaris setzte ein falsches Lächeln auf. „Und mein Hund braucht etwas zu fressen, wie mir scheint. Wisst ihr, was mein lieber Cato ganz besonders gern frisst?"

Die Brüder schüttelten die Köpfe. Ihre Nackenhaare sträubten sich.

Der Hund bellte wütend.

„Menschenfleisch", erwiderte Merculiaris, als wäre es das Natürlichste auf der Welt. „Cato ist zur Menschenjagd abgerichtet. Aber ich will mal nicht so sein." Merculiaris kam auf die Brüder zu und entriss ihnen das Papier, das sie vorbereitet hatten. Er verschwand in einem angrenzenden Raum und nahm das grässliche Tier mit.

Kurz darauf erschien Merculiaris mit dem unterschriebenen Brief zurück. „Jetzt geht, bevor ich euch meinem Cato serviere. Und richtet eurem Vater aus, dass ich keine Geduld mehr mit ihm und der Stadt habe, beim Mars!"

Erleichtert verließen die Brüder mit der Beute die ungastliche Domus.

„Sollen wir überhaupt noch zu Marcus?", fragte Marius, während er auf sein Pferd sprang. „Ich könnte wetten, dass Merculiaris unser Mann ist."

„Sieht ganz danach aus", entgegnete Caius. „Aber lass uns besser auch die zweite Schriftprobe einholen und dann beide Handschriften miteinander vergleichen. Sicher ist sicher! Sonst blamieren wir uns noch."

Marcus' Villa erhob sich außerhalb der Stadtmauern auf einem kleinen Hügel und war von Feldern und Weinbergen umgeben. Der Ingenieur hatte gerade zu Ende gefrühstückt, als ihn die Brüder mit ihrer Bitte überraschten.

„*Ave!* Vater sagt, dass er Eure Unterschrift benötigt, damit der Zimmermann Merculiaris sein Geld bekommt", erzählten Marius und Caius.

„Aber meine Unterschrift hätte ich Aurelius doch auch gleich auf der Baustelle geben können", wunderte sich Marcus.

„Papa meint, wir sollen Eure Unterschrift zur *Curia* auf dem Forum bringen, damit die Beamten gleich das Geld bewilligen", logen die Brüder weiter.

Marcus zuckte mit den Schultern und kritzelte schwungvoll seine Unterschrift unter den Brief, den ihm die Kinder hinhielten.

„Dann seid ihr also jetzt die berittenen Boten?", lachte Marcus freundlich. „Kommt, wollt ihr noch etwas frühstücken? Ich hätte hier ein paar leckere Weintrauben für euch."

„Nein, danke", lehnten die Brüder ab. „Vater hat gesagt, dass es eilig ist." Und schon machten sie sich aus dem Staub.

Unmittelbar hinter der Hausecke hockten sie sich

98

hin. Caius holte das Erpresserschreiben hervor und breitete es auf dem Boden aus. Daneben legte er die Papyrusstücke, die die Unterschriften von Merculiaris und Marcus trugen.

Plötzlich rammte Marius seinem Bruder den Ellbogen in die Seite: „Beim Jupiter – ich weiß, wer der Erpresser ist!"

Wen meint Marius?

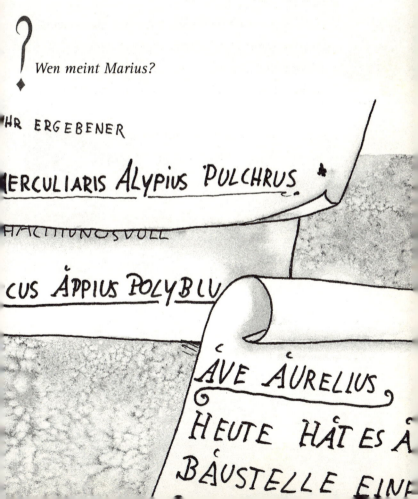

Rotes Wasser

„Tatsächlich!" Caius konnte seinen Augen kaum trauen.

„Ganz klar, dieser komische Schnörkel hier auf dem A", rief Marius. „Also ist Marcus unser Mann! Das hätte ich nie gedacht ..."

„Und ich werde dafür sorgen, dass diese Neuigkeit unter uns bleibt!", schrie da eine Stimme.

Die Brüder schreckten hoch. Über ihnen stand ein Fenster offen – Marcus hatte sie belauscht!

„Schnell weg hier!", brüllte Marius und rannte los. Ein Pfeil surrte knapp an seinem Ohr vorbei. Die Brüder warfen sich hinter einen Brunnen.

„Zu den Pferden kommen wir nicht mehr", meinte Marius. „Dort trifft uns Marcus mit seinen Pfeilen!"

„Wieso ist hier denn keiner, der uns helfen könnte?", fragte Caius.

„Sind wohl alle auf den Feldern, was weiß ich!" Panik klang in Marius' Stimme mit.

Caius spähte zur Domus zurück. Er sah, wie Marcus herausstürmte. In der einen Hand trug er Pfeil und Bogen, in der anderen eine Axt.

„Beim Jupiter, er kommt!", schrie Caius und sprang auf. „Komm, zu den Bäumen da drüben!"

Im Zickzack-Kurs liefen die Brüder um ihr Leben. Immer wieder warfen sie ängstliche Blicke zurück. Marcus kniete sich nieder und spannte den Bogen. Er kniff ein Auge zu und zielte in aller Ruhe.

Caius spürte einen heftigen Schlag an der Schulter. Ein höllischer Schmerz durchzuckte ihn. Etwas Warmes tränkte seine Tunika - Blut! Caius wurde schwarz vor Augen, er begann zu taumeln, der Boden raste auf ihn.

Marius fing Caius auf, zog ihn hoch. „Gib nicht auf!", flehte er.

Auf Marius gestützt torkelte Caius weiter, als wäre er betrunken.

Die rettenden Bäume tauchten vor ihnen auf – aber sie waren umgeben von einem großen Brennnesselfeld. Die Brüder hatten keine andere Wahl. Sie stürzten sich hinein. Das Jucken setzte augenblicklich ein, nahezu überall und mit furchtbarer Intensität. Doch die Brennnesseln boten auch Schutz vor Marcus. Ein verirrter Pfeil strich über die Köpfe der Brüder hinweg, dann kehrte eine gespenstische Ruhe ein.

Marius kümmerte sich jetzt um Caius' Verletzung. „Du hast Glück gehabt", sagte er. „Der Pfeil hat dich nur gestreift. Es ist lediglich eine kleine Fleischwunde."

Caius nickte tapfer. Dann meinte er entschlossen: „Ich muss hier raus. Der Juckreiz bringt mich noch um den Verstand, beim Mars!"

Sie hielten Ausschau nach Marcus und sahen gerade noch, wie der Bogenschütze auf seinem Pferd davongaloppierte. Marcus zog zwei Packpferde hinter sich her, die je eine große Amphore trugen.

„Der will bestimmt zur Baustelle, um den nächsten Anschlag zu verüben! Das zweite Ultimatum läuft doch heute Morgen ab. Wir müssen Papa warnen!", rief Marcus. „Kannst du laufen?"

„Na klar, los!", gab Caius zurück.

Völlig außer Atem kamen die Zwillinge kurze Zeit später auf der Baustelle an.

„*Ave*, meine Söhne! Das zweite Ultimatum ist vorbei – und alles blieb bisher ruhig!", empfing sie der Vater strahlend. Mit Perikles und dem Aufseher Brutus stand der Bauleiter am Aquädukt. Dann verfinsterte sich seine Miene: „Was ist denn mit euch passiert, beim Janus? Du bist ja verletzt, Caius!" Und Perikles befahl er: „Schnell, wir brauchen einen Arzt!"

Perikles lief los. Unterdessen berichteten die Brüder. Der Vater lauschte fassungslos.

„Marcus?", fragte er, als seine Söhne ihren Bericht

103

beendet hatten. „Aber das ergibt doch keinen Sinn! Warum sollte er das tun?"

„Wir wissen es doch auch nicht, Vater!", riefen die Brüder. „Aber wir müssen aufpassen. Vielleicht schlägt Marcus doch wieder zu und vergiftet das Wasser! Er hatte große Amphoren dabei. Womöglich ist da das Gift drin!"

„Das glaube ich nicht." Aurelius schüttelte selbstbewusst den Kopf. „Wir haben die Wachen verdoppelt und überhaupt kann es gar nicht ..."

„Das Wasser!", brüllte in diesem Moment Perikles, der mit dem Arzt herangelaufen kam. „Es ist rot! Rot wie Blut! Und wie das stinkt! Beim Jupiter, das ist unser Ende."

„Unsinn, wir müssen das Wasser stoppen, bevor es die Stadt erreicht. Errichtet ein Wehr!", kommandierte Aurelius entschlossen. Perikles machte umgehend kehrt.

„Wir sollten die Wachen auspeitschen lassen, die nicht aufgepasst haben", schlug Brutus grimmig vor.

Aber niemand beachtete ihn. Alle waren damit beschäftigt, Steine und anderes Baumaterial in den Kanal zu werfen. Die rote, stinkende Brühe staute sich, trat jedoch über die Ränder der Barriere und lief weiter in Richtung Pompeji.

„Höher, das Wehr muss höher gebaut werden!",
rief Aurelius. „Und du, Brutus, schick deine Leute
aus, damit sie endlich diesen feigen Attentäter fassen! Er muss hier irgendwo stecken!"

Perikles stürzte auf die drei zu: „Mehrere Arbeiter klagen über Magenkrämpfe. Sie schreien vor
Schmerz, es ist ganz entsetzlich!"

„Sag den Dummköpfen, dass sie nicht vom roten
Wasser trinken sollen!", bellte Aurelius wütend. „Das
ist doch kein Wein!"

„Das ist ja das Problem. Das Wasser war nicht rot.
Sie haben klares und sauberes Wasser getrunken",
sagte Perikles verzweifelt.

„Was?", schrie Aurelius außer sich. Marius und
Caius sahen sich an.

„Es waren zwei Amphoren", erinnerte sich Marius.
„Vielleicht war in der einen rotes und in der anderen
klares Wasser. Aber beides ist vergiftet. Das Wasser
muss aufgehalten werden!"

Caius deutete zum Gasthof von Martiola: „Lass
uns von dort eine zweite Lawine auslösen! Das könnte helfen!"

Schon stürmten die Brüder den Abhang hinauf.
Und vor dem Gasthof stand sie, strahlend schön und
mit einem frechen Lächeln im Gesicht: Livia!

„*Ave!* Immer, wenn ich euch in letzter Zeit sehe, seid ihr voller Dreck und in Eile", grinste Livia.

„Keine Zeit für Scherze. Das Wasser wurde vergiftet", stieß Marius hervor. „Wir müssen es aufhalten, bevor es die Stadt erreicht!"

Livia begriff rasch. Gemeinsam benutzten sie den Stamm einer bei dem Gewitter umgestürzten Tanne als Hebel, um einen schweren Stein vom Abhang zu kippen. Der Fels riss andere Brocken mit. Mit enormer Wucht rauschte die neue Steinlawine in das Aquädukt.

Aurelius' Wutschrei konnte man bis zum Gasthaus vernehmen. Aber das vergiftete Wasser wurde gestoppt! Livia und die Brüder fielen sich erleichtert in die Arme.

„Ich glaube, ihr freut euch zu früh", tönte in diesem Moment eine kalte Stimme hinter ihnen.

Langsam drehten sich die drei um.

Marcus. Er hatte den Bogen bis zum Äußersten gespannt. Der Pfeil deutete genau auf Livias Kopf. In Marcus' Augen lag ein seltsamer Glanz, als hätte er Fieber. Auf seiner Stirn perlten Schweißtropfen. Seine Lippen bebten.

„Lass Livia gehen, es war unsere Idee", bat Marius und wollte sich vor das Mädchen stellen.

106

„Wenn du dich bewegst, trifft dich der erste Pfeil", fuhr Marcus den Jungen an.

„Gut, gut. Aber: Warum das alles? Warum hast du das getan, Marcus?" Marius ließ nicht locker.

Der Mann lachte auf: „Warum? Ich will es euch sagen, auch wenn es das Letzte ist, was ihr in euren kurzen Leben vernehmen werdet. Ich hasse euren Vater schon lange. Spätestens, seitdem *er* die Stelle des *Curators* bekam und nicht ich. Ich wurde benachteiligt. Ich sei nicht gut genug, hieß es. Pah! Dabei bin ich erheblich fähiger als Aurelius."

Die Pfeilspitze senkte sich ein wenig, zeigte jetzt auf Livias Hals.

„Damals schwor ich Rache", fuhr Marcus fort. „Ich wollte Aurelius scheitern sehen. Und nach dem Erdbeben war der Zeitpunkt gekommen: Er sollte bei der Reparatur des Aquädukts versagen, damit man endlich einen besseren Mann an seine Stelle setzt."

„Nämlich dich", meinte Caius.

„Du sagst es", bestätigte Marcus selbstgefällig.

„Aber wenn Vater gezahlt hätte, wäre dein Plan doch gescheitert", wandte Marius ein.

„Aber nicht doch!", rief Marcus. „Niemals hätten die Anschläge aufgehört. Ich hätte zwar das Geld genommen, aber dennoch weitergemacht. So lange, bis die Arbeiten endgültig zum Erliegen gekommen wären!"

„Wie kann man sich nur so etwas ausdenken!", rief Livia empört.

„Ein kluger Kopf kann das!", gab Marcus überheblich zurück. Der Bogen in seiner Hand zitterte stark.

„Nein, so etwas denkt sich nur ein krankes Hirn aus", gab Livia kühn zurück.

„Ich glaube, ich werde dein freches Mundwerk als Erstes zum Verstummen bringen", zischte Marcus.

Livia schloss die Augen.

„Lass gefälligst meine Tochter in Ruhe!", erklang plötzlich Martiolas Stimme. Die Wirtin stob heran, einen Schemel in der Hand. Offensichtlich hatte sie die Szene vom Wirtshaus aus beobachten können und sich unbemerkt herangeschlichen.

Marcus fuhr herum und schoss den Pfeil ab. Er verfehlte Martiola nur knapp. Die Wirtin wurde

108

durch den Angriff nicht gestoppt. Im Gegenteil, die Attacke schien ihr noch mehr Antrieb zu geben. Wie eine Furie stürzte die massige Frau auf Marcus zu, der bereits nach einem neuen Pfeil im Köcher griff.

Livia, Marius und Caius sprangen den großen Mann an und brachten ihn aus dem Gleichgewicht. Hektisch langte Marcus nach seiner Axt. Aber Marius schlug sie ihm aus der Hand.

„Platz da, der gehört mir!", gellte Martiolas Kampfschrei. „Ich werde dich lehren, dich an meiner Tochter zu vergreifen!" Und schon zertrümmerte Martiola den Schemel auf Marcus' Kopf. Augenblicklich ging der Attentäter zu Boden.

Martiola klatschte in die Hände: „So, das hätten
wir! Ist jeder versorgt oder braucht noch jemand eine kleine Spezialbehandlung?" Drohend sah sie die
Zwillinge an.

„Danke, alle versorgt", sagten Marius und Caius
schnell. Aus den Augenwinkeln sahen sie, dass ihr
Vater, Perikles und Brutus den Hang hinaufhetzten.

„Was ist denn hier schon wieder los?", wollte Aurelius wissen. „Ah, da ist ja der Schurke Marcus! Was
für ein schöner Anblick." Er strich seinen Söhnen
über die Köpfe: *Valde bona*, Jungs!"

„Mit Verlaub, wir zwei haben auch etwas dazu bei-
getragen", mischte sich Martiola ein. Sie deutete auf
sich und den Schemel.

„Mein Dank gilt selbstverständlich auch dir",
meinte Aurelius höflich zur Wirtin.

Brutus hatte ganz anderes im Sinn. „Meint Ihr,
Herr", fragte er Aurelius, „dass ich den Erpresser ein
bisschen auspeitschen darf, wenn er wieder bei Be-
wusstsein ist?"

Aurelius überlegte einen Moment. „Eigentlich hasse ich ja die Prügelstrafe. Aber hier könnten meine
Prinzipien ins Wanken geraten ..."

Martiola sah die Umstehenden irritiert an: „Ich
weiß zwar nicht, worum es hier geht. Aber eines weiß

110

ich genau: Das ist nichts für meine Livia. Ab, geh ins Haus!"

Aber Livia hörte ausnahmsweise einmal nicht auf ihre Mutter. Sie stellte sich auf die Zehenspitzen und hauchte Marius und Caius einen Kuss auf die Nasenspitzen.

LÖSUNGEN

Der erste Anschlag
Die Axt des Attentäters steckt noch im Boden.

Das Ultimatum
Caius ist aufgefallen, dass der Täter in dem Brief auch den zweiten Vornamen seines Vaters nennt: Nigidius. Den aber kennen nur einige wenige Vertraute von Aurelius. Folglich muss der Täter ein guter Bekannter von Aurelius sein.

Die Totenkopfhöhle
Marius hat einen Köcher und eine Tunika entdeckt.

Die Zeit läuft ab
Caius will dem Mann folgen, der in Richtung Pompeji reitet. Denn dieser Reiter ist laut Livias Beschreibung der einzige Verdächtige, der groß und dick ist. Aufgrund des Kleidungsfunds in der Höhle weiß Caius, dass der Täter groß und dick ist.

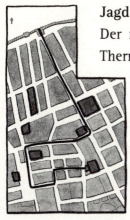

Jagd auf den roten Reiter
Der rote Reiter ist in den Stabianer Thermen verschwunden.

Spuren in den Thermen
Eine feuchte Fußspur führt in einen angrenzenden Raum.

Die Schlinge zieht sich zu
Beachtet man die Initialen, die Marius und Caius auf dem Siegelring in den Thermen fanden, bleiben nur zwei Namen übrig, die diese Initialen in der richtigen Reihenfolge haben, und zwar *Marcus Appius Polybius* und *Merculiaris Alypius Pulchrus*.

Entscheidung im Morgengrauen
Die Handschrift von Marcus ist mit der auf dem Erpresserschreiben identisch. Zu erkennen ist das am besten am Buchstaben A.

GLOSSAR

Amphore: Krug mit zwei Henkeln zum Lagern von Öl, Wein und Ähnlichem. Auch Flüssigkeitsmaß (etwa 20 Liter)

Ave: Sei gegrüßt! Lebe wohl!

Apodyterium: Auskleideraum im Bad, in den Thermen

Aquädukt: Wasserleitung; Kanal, der das Wasser leitet

Atrium: Halle, Innenhof

Augur: Seher

Bacchus: Gott des Weines

Caldarium: Warmbad in den Thermen

Cave Canem: Vorsicht vor dem Hund

Cena: Hauptmahlzeit der Römer, die meist am Abend eingenommen wurde

Curia: Rathaus

Curator aquarum: Verwalter der Wasserversorgung

Domus: herrschaftliches Haus

Forum: offener Marktplatz einer römischen Stadt

Frigidarium: Kaltwasserbad in den Thermen

Gerres: in Salzlake konservierte Fische

Groma: Vermessungsinstrument

Hypocaustum: römische Fußbodenheizung

Ientaculum: erstes, kleines Frühstück zwischen sieben und neun Uhr

Initialen: Anfangsbuchstaben

Janus: zweigesichtiger Gott allen Anfangs. Sein Heiligtum am Forum in Rom war in Kriegszeiten geschlossen, in Friedenszeiten offen.

Jupiter: der „beste" und „größte" aller Götter der Römer
Lagoena: dickbauchiger Krug, Weingefäß
Macellum: Fleischmarkt, Markthalle
Mars: Kriegsgott
Opus caemantitium: römischer Vorläufer unseres Betons
Palla: Kleidungsstück für Frauen, rechteckiges Tuch
Papyrus: „Papier" der Römer, das aus den Stängeln einer
    Wasserpflanze, der Papyrusstaude, hergestellt wurde
Recherche: Suche
Sesterz: römische Münze
Taberna: Wirtshaus, auch Werkstatt oder Laden
Tablinum: Empfangs- und Gesellschaftszimmer
Tepidarium: Warmluftraum in den Thermen
Thermen: öffentliche Badehäuser
Thermopolium: Imbiss
Toga: großes, halbkreisförmiges Kleidungsstück, das nur
    von römischen Bürgern getragen werden durfte
Triclinium: römisches Esszimmer, in dem drei (lat. = tri)
    Betten (gr. = kline) standen, auf denen die Gäste zu
    Tisch lagen
Tunika: Kleidungsstück; zwei rechteckige Stoffstücke aus
    Wolle, die an den Seiten und auf den Schultern zu-
    sammengenäht wurden und Öffnungen für Beine und
    Arme freiließen. Die Tunika reichte in der Regel bis zu
    den Waden hinab, konnte aber beliebig verkürzt wer-
    den. Gewöhnlich hatte sie keine Ärmel.
Ultimatum: Frist
Via: Straße

ZEITTAFEL

54–68 n. Chr.	Regierungszeit von Kaiser Nero Claudius Caesar. Unter anderem wird Armenien zurückgewonnen (58–63 n. Chr.) und ein Aufstand in Britannien niedergeworfen (60–61 n. Chr.). Ab 61 n. Chr. artet Neros Herrschaft zu einer reinen Willkürherrschaft aus (Caesarenwahnsinn).
62 n. Chr.	Ein großes Erdbeben erschüttert Pompeji.
64 n. Chr.	Rom in Flammen
68 n. Chr.	Nero begeht Selbstmord.
69–79 n. Chr.	Vespasian an der Macht. Die Aufstände der Bataver am Rhein und der Juden in Palästina werden niedergeworfen.
70 n. Chr.	Eroberung Jerusalems Bau des Titusbogens in Rom
74 n. Chr.	Unterwerfung des Neckargebietes Bau des Amphitheatrum Flavium (= Colosseum) in Rom
79–81 n. Chr.	Titus, Sohn des Vespasian, ist Kaiser.
24.08.79 n. Chr.	Ausbruch des Vesuvs: Pompeji und Herculaneum werden verschüttet.
81–96 n. Chr.	Domitian an der Macht. Die Eroberung der Provinz Britannia wird 84 n. Chr. mit der Anlage eines Grenzwalls beendet.
83 n. Chr.	Feldzug gegen die Chatten. Baubeginn des Grenzwalls Limes
96 n. Chr.	Domitian wird ermordet.

DAS LEBEN IN DER RÖMISCHEN KOLONIE

Die Stadt Pompeji

Pompeji lag am Fuße des Vulkans Vesuv in der Nähe des heutigen Neapel. Die ersten Mauern der Stadt wurden etwa 500 v. Chr. gebaut. Pompeji wurde schnell zu einer wichtigen Handelsstadt am Fluss Sarno. Die Stadt unterlag zunächst dem Einfluss der Etrusker, aber auch der Griechen, wie zum Beispiel der Apollotempel belegt. Im Jahr 424 v. Chr. fielen die Samniten, raue Bewohner der Abruzzen, über den Küstenstreifen her und eroberten die Stadt.

Im Jahr 89 v. Chr. wurde Pompeji römische Kolonie. Das kulturelle und politische Leben orientierte sich nun an Rom. Die oberste Amtsgewalt wurde von zwei Duumvirn ausgeübt, die Recht sprachen und die religiösen und zivilen Angelegenheiten der Stadt regelten. Ihnen zur Seite standen zwei Aedilen, die für die weniger bedeutenden Angelegenheiten der Stadt verantwortlich waren (Verwaltung der öffentlichen Plätze, Sauberkeit in der Stadt, Markt- und Polizeiwesen).

Die reiche und selbstbewusste Handelsstadt Pompeji blieb auch unter römischer Herrschaft sehr selbstständig. Rom griff nur in die inneren Angelegenheiten der Stadt ein, wenn die öffentliche Ordnung gestört wurde. Das war zum Beispiel im Jahr 59 n. Chr. der Fall, als es im Amphitheater zu einer Massenschlägerei kam. Kaiser Nero untersagte zur Strafe sämtliche Spiele im Theater.

Untergang im Ascheregen

„Am 24. August, um die siebente Stunde, machte meine Mutter darauf aufmerksam, dass eine Wolke von ungewöhnlicher Größe und Gestalt erscheine. Ihre Erscheinungsform veranschaulicht wohl kein anderer Baum besser als eine Kiefer. Bisweilen war die Wolke weiß, bisweilen schmutzig und fleckig, je nachdem, ob sie Erde oder Asche mitgerissen hatte."
Mit diesen Worten schilderte Plinius der Jüngere den dramatischen Ausbruch des Vesuvs im Jahr 79 n. Chr.

Beim Ausbruch des Vesuvs gab es keine glühenden Lavaströme – es regnete Asche, Bimsstein und Lavabrocken auf die umliegenden Städte Pompeji und Herculaneum. Das rund 8,5 Kilometer vom Vesuv entfernte Pompeji verschwand unter einer fast vier Meter hohen Decke aus Asche und Bimsstein.

Erst nach drei Tagen brach die Sonne wieder durch den verdunkelten Himmel. Pompeji war unbewohnbar geworden. Etwa 2 000 der 15 000–20 000 Einwohner waren umgekommen, die übrigen obdachlos.

Kaiser Titus sorgte dafür, dass das Leid der Flüchtlinge gelindert wurde. Zu diesem Zweck richtete er sogar einen Hilfsfonds ein, um Pompeji wieder aufzubauen. Doch die Stadt war zu tief verschüttet und geriet in Vergessenheit.

Erst 1594 wurde Pompeji wieder entdeckt. 1860 wurde Guiseppe Fiorelli Leiter der Ausgrabungen. Er war es, der ganze Straßenzüge und Häuserzeilen freilegte. Außerdem entwickelte Fiorelli eine Gips-Ausgussmethode, die es ermöglichte, die vom Tod überraschten Pompejaner in ihrer letzten Stellung zu bewahren. So kamen auch Einzelheiten des täglichen Lebens zum Vorschein und wurden der Nachwelt auf einzigartige Weise übermittelt. Viele Erkenntnisse über den Alltag der Römer verdanken wir daher den Funden in Pompeji.

Heute ist Pompeji eine der berühmtesten Ausgrabungsstätten der Welt und zieht jährlich Millionen von Besuchern an.

Die Wasserversorgung

Die Römer nahmen die Wasserversorgung ihrer Städte sehr ernst. Schließlich hatten die Bewohner einen enormen Bedarf an Trink- und Nutzwasser (für Bäder und Toiletten). Man schätzt, dass die Millionenstadt Rom täglich bis zu einer Milliarde Liter Wasser benötigte, die über die Wasserleitungen (= Aquädukte) hergeleitet werden mussten!

Eine solche Wasserleitung war ein offener oder abgedeckter Kanal zwischen einem Fluss bzw. einer Quelle und der Stadt. Manchmal musste die Wasserleitung aber auch unterirdisch durch Tunnel geführt werden – oder über Täler, die man mit für die damalige Zeit sensationellen Brückenkonstruktionen überwand. Eine der berühmtesten ist der Pont du Gard in Südfrankreich. Fast 50 Meter über dem Wasserspiegel überbrückt der 273 Meter lange Pont du Gard das Tal des Flusses Gardon. Einst floss in der abgedeckten Rinne Wasser für die römische Stadt Nemausus (das heutige Nimes). Im Jahr 19 v. Chr. wurde diese kühne architektonische Meisterleistung vollbracht, die somit seit über 2 000 Jahren den mitunter reißenden Fluten des Flusses standhält.

Die Wasserleitung, die Pompeji versorgte, nahm

ihr Wasser 40 Kilometer östlich der Stadt auf. Das Wasser floss in ein Kastell, das sich in Pompeji am Vesuvtor befand. Von dort wurde das Wasser in Bleibassins geleitet, die auf die Stadt verteilt waren und auf rund sechs Meter hohen Pfeilern ruhten. Durch Bleirohre gelangte das Wasser in die Häuser, Läden, Bäder und öffentlichen Brunnen.

Die Stadt ernannte einen Verwalter der Wasserversorgung (= *Curator aquarum*), der mit einem Team von Arbeitern und Technikern für die Erhaltung, Reparatur und Reinigung des Systems verantwortlich war. Außerdem musste der Verwalter die Einhaltung der rechtlichen Bestimmungen überwachen. Einige der Probleme behandelt Frontinus in seiner Schrift über die Wasserleitungen Roms *(De aquis urbis Romae)*. Dieses Werk verfasste er 97 n. Chr., als er selbst Curator war. Frontinus spricht von *„Vorschriften für Privatleute, nur so viel Wasser abzuleiten, wie ihnen bewilligt wurde".* Den *„vielfältigen Betrügereien"* müsse man *„mit großer Wachsamkeit entgegentreten".*

Die Baukunst der Römer

Die Römer schufen neue Bauformen, Baustoffe und Methoden, vor allem im Bereich der Architektur und des Heizungsbaus. Für viele ihrer noch heute Aufsehen erregenden Gewölbebauten verwendeten sie eine Art Beton, dessen wichtigster Bestandteil vulkanisches Gestein aus der Gegend rund um den Vesuv war. Mit relativ einfachen Geräten schufen die Römer Jahrtausende überdauernde Bauwerke.

Das **Senkblei** ist ein (
wicht aus Bronze. Mi
dieses einfachen Gerä
konnten gerade Maue
errichtet werden.

Mit dem **Winkelmesser** können absolut gerade Linien gezogen werden. Deshalb war es vor allem für Zimmerleute, Maurer und Mosaikkünstler ein wichtiges Werkzeug. Es zeigt Winkel von 90° und 45° an.

Der **Bronzezirkel** wurde bei der Ausarbeitung von Plänen und Modellen benutzt. Der Abstand zwischen den langen Schenkeln ist immer genau doppelt so groß wie der zwischen den kurzen.

Der **Kran** wurde durch Sklaven in einer Tretmühle in Gang gebracht. Mit Flaschenzügen konnten auf diese Weise schwere Baumaterialien angehoben und an ihren Platz gebracht werden.

Fabian Lenk wurde 1963 in Salzgitter geboren. Der Musik-, Brettspiele- und Fußball-Fan studierte in München Diplom-Journalistik und Politik und ist heute als Redakteur tätig. Er hat seit 1996 sechs Kriminalromane für Erwachsene veröffentlicht, schreibt aber besonders gern für Kinder und Jugendliche. Fabian Lenk lebt mit seiner Familie in Norddeutschland.

Anne Wöstheinrich, geboren 1969, studierte Grafik-Design in Münster. Schon als Kind hat sie sich die Zeit mit Bildern vertrieben. Heute illustriert sie Kinder-, Jugend- und Schulbücher. Ihre beiden Töchter liefern ihr dafür viele Einfälle und Ideen.

TATORT GESCHICHTE

Historische Ratekrimis
Geschichte erleben und verstehen!

Spannende Abenteuer aus dem alten Rom,
dem Mittelalter und dem alten Ägypten